토토 과학상자 퀴즈북
Why & How

토토 과학상자를 열면
초등 과학 교과가
쏙쏙쏙!

토토 과학상자 퀴즈북
Why & How

초판 1쇄 2012년 4월 30일
초판 2쇄 2017년 6월 8일

구성	토토북 편집부
감수	서동표
진행	도마뱀퍼블리싱
마케팅	강백산, 강지연, 김가연
디자인	박미영

펴낸이	이재일
펴낸곳	토토북
주소	04034 서울시 마포구 양화로11길 18 3층 (서교동, 원오빌딩)
전화	02-332-6255 | 팩스 02-332-6286
홈페이지	www.totobook.com | 전자우편 totobooks@hanmail.net
출판등록	2002년 5월 30일 제10-2394호
ISBN	978-89-6496-071-4 63400
	978-89-90611-54-3 74400(세트)

ⓒ 토토북 편집부, 2012

이 책은 저작권법에 의해 보호를 받는 저작물이므로 무단 전재 및 복제를 금합니다.
잘못된 책은 바꾸어 드립니다.

제품명: 토토 과학상자 퀴즈북 Why&How | **제조자명**: 토토북 | **제조국명**: 대한민국 | **전화**: 02-332-6255
주소: 서울시 마포구 양화로11길 18, 3층(서교동, 원오빌딩) | **제조일**: 2017년 6월 8일 | **사용연령**: 8세 이상
* KC 인증 유형: 공급자 적합성 확인
* KC마크는 이 제품이 공통안전기준에 적합하였음을 의미합니다.

⚠ **주의** 책의 모서리에 다치지 않게 주의하세요.

토토 과학상자 퀴즈북
Why & How

토토 과학상자를 열면 초등 과학 교과가 쏙쏙쏙!

토토북 편집부 구성
서동표 선생님 감수

www.totobook.com

차 례

책을 내며   006

01권 그런데요, 생태계가 뭐예요?
온 세상의 생물들은 어떻게 연결되어 있는지 퀴즈로 알아봅시다.   007

02권 그런데요, 공룡은 어디로 갔나요?
공룡은 어떤 동물이며 왜 사라졌는지 퀴즈를 통해 알아봅시다.   012

03권 쉿! 바다의 비밀을 말해 줄게
바다는 어떤 곳이고, 거기에서 무슨 일이 일어났는지 퀴즈로 배워 봅시다.   017

04권 생명탐험대 시간 다이얼을 돌려라
생명은 어떻게 시작되었고 진화되어 왔는지 퀴즈를 통해 배워 봅시다.   022

05권 지구는 오늘도 바빠요
지구의 탄생과 땅, 바다, 대기의 변화에 대하여 퀴즈로 알아봅시다.   027

06권 북극곰도 모르는 북극 이야기
춥기만 한 얼음 나라 북극이 왜 중요한 곳인지 퀴즈를 통해 배워 봅시다.   032

07권 공이 굴러가지? 그게 물리야!
사과는 왜 아래로 떨어지고, 지구는 왜 도는지 퀴즈를 통해 알아봅시다.   037

08권 어, 기후가 왜 이래요?
급격한 기후 변화가 우리에게 어떤 영향을 미치는지 퀴즈로 배워 봅시다.   042

09권 별가족, 태양계 탐험을 떠나다
우리 지구가 속한 태양계는 어떻게 이루어져 있는지 퀴즈로 알아봅시다.   047

10권 꿈틀꿈틀 꼼지락 무척추동물
지렁이, 불가사리와 같이 등뼈가 없는 동물에 대해 퀴즈로 알아봅시다.   051

11권 나한테 화학이 쏟아져
물이 증발하고, 얼음이 얼며, 얼굴이 빨개지는 이유를 퀴즈로 배워 봅시다.   057

12권 멸종동물 얘기 좀 들어볼래?
지구 위의 많은 동물이 한꺼번에 사라진 이유를 퀴즈로 알아봅시다.   062

13권	**세상을 움직이는 힘 에너지**
	에너지란 무엇이며 어떻게 얻고, 써야 하는지 퀴즈를 통해 알아봅시다. 067

14권	**이렇게나 똑똑한 식물이라니!**
	풀과 나무는 움직이지도 못하면서 어떻게 살아가는지 퀴즈로 알아봅시다. 073

15권	**곤충 없이는 못 살아**
	곤충은 얼마나 다양하며 지구에서 어떤 역할을 하는지 퀴즈로 배워 봅시다. 078

16권	**빨강 도깨비야, 세포가 궁금해**
	생명을 이루고 있는 기본 단위는 무엇인지 퀴즈를 통해 알아봅시다. 083

17권	**우리 집 구석구석 숨은 과학을 찾아라**
	우리 생활 속에는 어떤 과학적 원리가 숨어 있는지 퀴즈로 배워 봅시다. 088

18권	**과학자는 세상을 이렇게 바꿨어요**
	누가 원자를 처음 발견했고 누가 지구를 처음 쟀는지 퀴즈로 알아봅시다. 093

19권	**아주 특별한 몸속 여행**
	우리 몸속은 어떤 것들로 이루어져 있는지 퀴즈를 통해 배워 봅시다. 099

20권	**야호! 수학이 좋아졌다**
	물건을 세고, 집을 짓는 데에 어떤 원리가 이용되는지 퀴즈로 알아봅시다. 104

21권	**별가족 블랙홀에 빠지다**
	우주에 얼마나 많은 별이 있으며 어떻게 나고 죽는지 퀴즈로 배워 봅시다. 109

22권	**미생물은 힘이 세다**
	병도 일으키지만 약의 원료가 되기도 하는 것은 무엇인지 퀴즈로 알아봅시다. 114

23권	**원자, 넌 도대체 뭐니?**
	세상의 모든 것을 이루고 있는 기본 단위에 대하여 퀴즈로 배워 봅시다. 119

24권	**우리 집은 과학 실험실**
	집에서 해 볼 수 있는 과학 실험에는 어떤 것이 있는지 퀴즈로 배워 봅시다. 124

이 책의 활용법

학교 공부의 빈 틈,
과학 독서로 메우세요!

〈토토 과학상자〉의 장점은 과학 정보를 충실히 전달하면서도 흥미진진하게 읽힌다는 것입니다. 24권이 각각 다른 주제를 다루고 있기 때문에 과학의 여러 영역을 다양하게 맛볼 수 있습니다. 아이에게 직접 관심 가는 주제를 선택하게 하세요. 그리고 이야기책을 읽듯 편하고 즐겁게 읽도록 지도해 주세요. 책 속 내용과 충분히 가까워지면 교과서에서 해당 부분을 찾아보게도 하세요. 새롭게 알게 된 것에 대해서는 아이와 함께 이야기를 나누어 봅니다. 그리고 느낀 바를 글로 정리하게 합니다.

초등학교 3학년 아이들에게 맞는 난이도로 만들어졌기 때문에 저학년 아이가 혼자 읽기에는 조금 어려울 수도 있습니다. 그럴 때는 그림을 먼저 감상하도록 해 주세요. 〈토토 과학상자〉에는 많은 분량의 일러스트가 들어 있습니다. 저마다 다른 개성의 일러스트는 아이에게 호기심을 불러일으키며 과학 정보를 충실히 전달합니다. 그림에 익숙해진 아이가 혼자서 글을 읽어 나갈 때쯤이면, 이미 적지 않은 정보를 습득하게 되어 선행 학습 효과를 톡톡히 누릴 수 있습니다. 반대로 고학년 아이들이 읽을 경우에는 별면이나 부록에 좀 더 주목해 보세요. 초등 과학 교과 전 과정을 복습하는 기회가 됩니다.

〈토토 과학상자〉를 통해 '과학'이라는 상자를 열어 볼 어린이들이, 더 깊이 있게 사고하며 세상을 넓게 바라볼 수 있게 되기를 바랍니다.

토토북 편집부

> 토토과학상자 01권

그런데요, 생태계가 뭐예요?

지구에서 살고 있는 모든 생물, 즉 동물과 식물은 물론 곰팡이와 박테리아에 이르기까지 저마다 살아가는 방식이 있습니다. 이 방식은 서로 긴밀하게 연결되어 있는데, 이것을 생태계라고 부르지요. 생태계의 순환 과정과 그 이치를 생각해 봅니다.

 지도 가이드 생태계에 대한 전반적인 문제와 아이의 생각을 묻고 함께 연구해 볼 수 있는 심화 문제로 퀴즈를 구성하였습니다. '생태계'라는 것이 먼 이야기가 아니라 바로 지금 우리가 살고 있는 세상이 생태계라는 사실을 지도해 주세요.

퀴 즈

1. 다음 빈칸 안에 알맞은 낱말을 적어 보세요.

   > **Tip** '먹이 그물' 또는 '먹이 피라미드' 라고도 하지요. 생물들은 혼자서는 살 수 없고 서로서로 관계를 맺으며 살아간다는 사실을 알려 주세요.

   생물들은 서로서로 먹고 먹히면서 자기도 살고, 다른 생물도 먹여 살려요. 이렇게 서로 먹고 먹히는 관계를 ㅁ ㅇ ㅅ ㅅ 이라고 합니다.

2. 식물들이 햇빛과 물, ○○○○○로 요리하는 것을 '광합성'이라고 해요. 이때 동물과 식물 서로에게 도움을 주는 기체인 ○○를 내뿜는답니다. 이 기체들은 각각 무엇인가요?

> Tip 식물이 가장 좋아하는 기체는 이산화탄소예요.
> 햇빛에다가 이산화탄소와 물을 섞어서 맛있는 밥(당분)과 산소를 만듭니다.

3. 생물들끼리 서로 도움을 주고받는 공생 관계인 경우는 어느 것일까요?

> Tip 우리들이 가장 많이 알고 있는 악어와 악어새 뿐 아니라,
> 개미들의 사회, 꽃과 곤충, 산화의 과정도 모두 공생이라고 볼 수 있지요.

① 뱀과 개구리
② 사자와 사슴
③ 사람과 기생충
④ 말미잘과 흰동가리

4. 다음 생물들이 천적을 속이기 위한 방법으로 맞는 것 끼리 연결해 보세요.

> Tip 동물들이 가장 잘 쓰는 속임수는 다른 동물이나 물건을 흉내 내는 것으로 '의태'라고 합니다. 의태 중에서도 자신의 몸을 주변의 색과 비슷하게 바꾸어 보호하는 것을 '보호색'이라고 해요.

박각시나방 •   • 주변과 같은 색으로 바꿔요.

방아깨비 •   • 여름엔 녹색, 가을엔 풀색이 됩니다.

카멜레온 •   • 새똥인 척하고 있지요.

5. 식물들은 보통 스스로 줄기를 뻗어 올리지만 포도나무처럼 남의 도움이 없이는 뻗어 가지 못하는 식물도 있어요. 이런 식물을 무엇이라고 하나요?

> Tip 포도나무뿐만 아니라 완두콩, 강낭꽃, 나팔꽃, 담쟁이덩굴 등이 덩굴 식물이에요.
> ③번 기생 식물은 스스로는 광합성을 하지 못해 다른 식물의 양분을 훔쳐 먹는 것이어서 덩굴 식물과는 전혀 다른 식물입니다. 기생 식물의 대표적인 예로는 갯더부살이가 있어요.

① 덩굴 식물   ② 줄기 식물   ③ 기생 식물   ④ 뻗침 식물

6. 다음을 읽고 맞는 말에 동그라미 하세요.

> Tip 포유란 '젖을 먹이다' 라는 뜻이에요.

알 대신 새끼를 낳는 동물들은 새끼를 더 소중히 보호해요.
뱃속의 자궁에서 새끼를 키우고 낳아서 젖을 먹여 키우지요.
이런 동물을 (파충동물 / 포유동물) 이라고 해요.

7. 생태계는 항상 균형을 이루어 왔어요. 만약 1차 소비자인 초식 동물이 갑자기 줄어든다면 생산자와 2차 소비자의 수는 어떻게 변할지 적어 보세요.

8. 다음은 무엇에 대한 설명일까요?

> Tip 분해자란 '무엇이든 잘게 부수는 것' 이라는 뜻이에요.

죽은 생물을 먹이로 한다.
세균이나 곰팡이와 같은 미생물이다.
이것이 없다면 지구는 죽은 동식물로 가득 찰 것이다.

9. 아래의 먹이 피라미드에서 '무엇인가를 맨 처음 만들어 낸다.'는 뜻의 말로, 1차 소비자의 먹이가 되는 식물들을 가리키는 말은 무엇인가요?

> Tip 식물은 동물들이 먹고, 숨 쉬고, 살 수 있도록 영양분과 깨끗한 공기를 동시에 만들어 내는 생산자예요. 그에 반해 아메바, 곰팡이, 박테리아는 동물의 배설물과 죽은 동식물의 시체를 먹고 사는 분해자입니다.

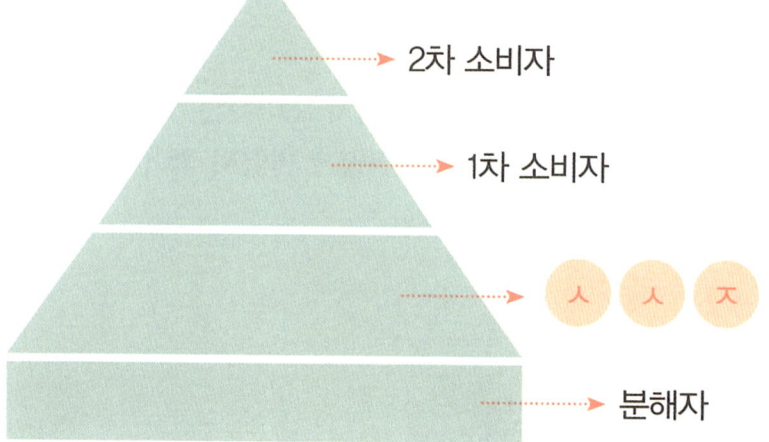

10. 다음 □ 안에 알맞은 말을 써 보세요.

> Tip 경계색으로 자신을 지키는 대표적인 동물로는 무당개구리가 있고, 식물로는 독버섯 류가 있어요.

천적이 싫어하는 예쁘고 화려한 색으로 자기 몸을 치장하는 것을 □□□ 이라고 하며 '보호색'과 반대되는 개념입니다.

답&설명

1. **본책 19쪽** / **교과서 131쪽** — 먹이 사슬
   → 초등과학 6-1 / 4. 생태계와 환경

2. **본책 31쪽** / **교과서 110~111쪽** — 이산화탄소, 산소
   → 초등과학 5-1 / 3. 식물의 구조와 기능

3. **본책 141쪽** / **교과서 133쪽** — ④
   → 초등과학 6-1 / 4. 생태계와 환경

4. **본책 106~107쪽** / **교과서 138~139쪽**

   박각시나방 • — • 주변과 같은 색으로 바꿔요.
   방아깨비 • — • 여름엔 녹색, 가을엔 풀색이 됩니다.
   카멜레온 • — • 새똥인 척하고 있지요.
   → 초등과학 6-1 / 4. 생태계와 환경

5. **본책 127쪽** / **교과서 28쪽** — ①
   → 초등과학 4-2 / 1. 식물의 세계

6. **본책 136쪽** / **교과서 98~99쪽** — 포유동물
   → 초등과학 3-1 / 3. 동물의 한 살이

7. **본책 18~21쪽** / **교과서 132쪽**
   1차 소비자인 초식 동물이 갑자기 줄어든다면 2차 소비자인 육식 동물도 먹이가 없어 점차 줄어들게 됩니다. 육식 동물이 줄어들면 그 시체를 분해하는 분해자의 할 일도 없어지고 그러면 분해자의 양분을 먹고 자라는 식물들도 결국에는 줄어들게 되는 거예요. 생태계는 항상 균형을 이루며 함께 성장해야 하며, 어느 한쪽이 지나치게 많거나 모자라도 그 균형이 깨지고 말지요.
   → 초등과학 6-1 / 4. 생태계와 환경

8. **본책 40쪽** / **교과서 127쪽** — 분해자
   → 초등과학 6-1 / 4. 생태계와 환경

9. **본책 32쪽** / **교과서 132쪽** — 생산자
   → 초등과학 6-1 / 4. 생태계와 환경

10. **본책 104쪽** / **교과서 138~139쪽** — 경계색
    → 초등과학 6-1 / 4. 생태계와 환경

> 토토과학상자 02권

그런데요, 공룡은 어디로 갔나요?

공룡은 사람이 지구에 나타나기 훨씬 전 1억 6000만 년 동안 지구에서 살았습니다. 이 오랜 시간 동안 공룡은 무엇을 먹고, 어떻게 살았을까요? 공룡에 대한 모든 궁금증과 함께 지구의 역사와 생명 진화 과정도 함께 알아봅니다.

 지도 가이드 지금은 멸종된 공룡에 대한 기본 문제와 초식 공룡 및 육식 공룡의 특징과 진화 등 더 깊이 있는 내용을 묻는 심화 문제로 구성되어 있습니다. 공룡 멸종의 이유와 생태 및 종류 중심으로 배울 수 있도록 유도해 주세요.

퀴 즈

1. 땅속의 지층 사이에서 발견되는 옛 생물의 흔적을 무엇이라고 하나요?

> Tip 공룡 시대를 알아보는 데에 가장 결정적인 단서가 되는 것이 바로 화석이에요. 공룡 발자국 화석을 보면 그 공룡이 얼마나 빨리 걸었는지, 육식 공룡인지 초식 공룡인지, 혼자 살았는지 가족과 살았는지 등을 알 수 있어요.

ㅎ ㅅ

2. 다음 보기들을 공룡들이 살면서 남긴 흔적 화석과 공룡 몸의 일부가 화석이 된 체화석으로 구분해 보세요.

[보기]
공룡 발자국, 공룡 피부
공룡 똥, 공룡 털, 공룡 뼈

흔적 화석 : ....

체화석 : ....

3. 화석을 찾아내고 연구하는 데 필요하지 않은 것은 무엇인가요?

> **Tip** 화석 발굴에도 약품이 쓰여요. 소화제가 아니라 '경화제'라는 거예요. 이 약품은 발굴 한 뼈 화석이 부스러지지 않고 이동과 보관이 쉽도록 표면을 딱딱하게 만들어 주는 것입니다.

① 망치
② 다이아몬드 톱날
③ 소화제
④ 가느다란 드릴

4. 중생대의 여러 가지 화석을 보고 알 수 있는 점은 무엇이 있을까요? 생각해 보고 세 가지만 적어 보세요.

> **Tip** 위의 세 가지 외에도 화석을 통해 알 수 있는 내용이 더 있는지 생각해 보세요.

예) 지금은 거의 보기 어려운 것이 많다.

1. ....
2. ....
3. ....

[5~6] 지금 살아 있는 동물 중에서 공룡과 가장 가까운 친척은 조류예요.
새와 공룡에 대한 설명을 읽고 알맞은 말을 넣어 보세요.

5. 새와 공룡은 대부분 몸에 ◯◯ 을 갖고 있었어요.

6. 공룡과 새의 뒷발에는 발가락 ◯◯ 개가 있고, 그 중 세 개로 걸어요.

> Tip 새와 공룡의 또 다른 공통점은 뒷다리 두 개로 똑바로 설 수 있다는 거예요.
> 알을 낳고 무리를 지어 자식을 키우는 점도 똑같죠.

7. 고성에 가면 공룡 발자국 화석이 많아요. 이렇듯 고성에 유난히 공룡 발자국 화석이 많은 것은 무엇을 말해 주고 있는지 적어 보세요.

> Tip 고성 지역은 공룡이 많이 살던 중생대에 만들어진 지층이기 때문에
> 공룡의 흔적이 남아 있을 가능성이 높습니다.

[8~9] 다음 내용을 읽고 맞으면 ○표, 틀리면 ✕표 하세요.

8. 익룡은 곤충을 제외하고 하늘을 날았던 첫 번째 동물이에요. 하지만 공룡은 아니에요. ( )

   Tip 익룡이 하늘을 날 수 있기 때문에 새라고 착각하기 쉬운데, 새는 아니에요. 새는 깃털이 있는데 익룡은 깃털이 없고 질긴 피부막으로 되어 있어요.
   또 중생대에 육지에서 살았던 파충류만을 공룡이라 부릅니다.

9. 공룡들이 가장 많이 살았던 시기는 중생대 중에서도 쥐라기 시대예요. ( )

   Tip 당시 육지에서 살던 동물 100마리 중 60마리 이상이 공룡이었을 정도라고 하니 얼마나 많은 공룡들이 쥐라기 시대에 살았는지 상상이 가죠?

10. 커다란 운석이 다시 지구와 충돌한다면 어떤 일이 벌어질지 적어 보세요.

답&설명

1. 본책 119~121쪽 / 교과서 68쪽
   화석
   → 초등과학 4-2 / 2.지층과 화석

2. 본책 122, 130쪽 / 교과서 68~71, 76~77쪽
   흔적 화석 : 공룡 발자국, 공룡 똥
   체화석 : 공룡 피부, 공룡 털, 공룡 뼈
   → 초등과학 4-2 / 2.지층과 화석

3. 본책 138~141쪽 / 교과서 72~73쪽
   ③
   → 초등과학 4-2 / 2.지층과 화석

4. 본책 118~121쪽 / 교과서 72~73쪽
   ① 생물의 종류를 알 수 있다.
   ② 당시의 환경을 알 수 있다.
   ③ 지금의 생물과 비슷하지만 모양과 크기가 달라진 것도 있다.
   → 초등과학 4-2 / 2.지층과 화석

[5~6]

5. 깃털

6. 본책 54~55쪽 / 교과서 74~75쪽
   다섯 개
   → 초등과학 4-2 / 2.지층과 화석

7. 본책 124쪽 / 교과서 70, 76~77쪽
   우리가 사는 한반도가 한때는 공룡의 왕국이었다는 것을 알려 주고 있지요. 특히 초식 공룡의 발자국이 많이 발견된 것으로 보아 당시 이곳은 먹을 식물과 물이 풍부했을 거예요.
   → 초등과학 4-2 / 2.지층과 화석

[8~9]

8. 본책 92~93쪽 / 교과서 74~75쪽
   ○
   → 초등과학 4-2 / 2.지층과 화석

9. 본책 94~98쪽 / 교과서 74~75쪽
   ○
   → 초등과학 4-2 / 2.지층과 화석

10. 본책 104~108쪽 / 교과서 64~65쪽
    커다란 운석이 떨어진 지구는 또다시 화산 활동을 일으키고, 커다란 산불이 곳곳에 일어나겠지요. 하지만 시간이 지나면 그 옛날에도 그랬듯이 다시 식물이 씨를 뿌리고 살아남은 동물들이 자손을 퍼뜨리지 않을까요? 이것은 선생님의 생각이에요. 여러분도 운석 충돌 이후의 지구에 대해서 다시 한 번 생각해 보세요.
    → 초등과학 4-2 / 2.지층과 화석

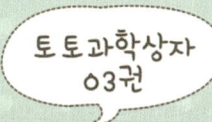

쉿! 바다의 비밀을 말해 줄게

가장 처음 생물이 태어난 곳인 바다는 지금까지도 마치 엄마처럼 우리에게 모든 것을 줍니다. 바다가 어떻게 생겨났는지, 바다 깊은 곳은 어떻게 생겼는지, 바닷속에는 어떤 생명체가 살고 있는지 바다의 비밀을 차례로 풀어 봅니다.

지도 가이드 바다에서 볼 수 있는 생물과 바다의 기원 등 기본 지식을 이해했는지 확인해 보는 문제와 바다에서 일어나는 문제를 어떻게 해결할지 생각해 보는 활동 등 다양한 퀴즈로 구성되어 있습니다. 바다의 소중함을 깨달을 수 있도록 지도해 주세요.

1. 마젤란 덕분에 무엇을 알게 되었는지 (   ) 안에 써 보세요.

> Tip 교과서 20~21쪽의 그림이나 세계 지도를 보고, 마젤란이 항해했던 곳을 짚어 가면서 세계에 있는 6대주의 이름을 알려 주세요.

"(   )가 둥근 (   )를 둥그렇게 둘러싸고 있지."

2. 다음 설명이 가리키는 것은 무엇인가요?.

> Tip 우리 지구에서 생명이 탄생할 수 있었던 것은 다름 아닌 물 때문입니다. 바다에서 최초의 생명이 태어난 이후 모든 생물은 몸속에 물을 담고 있습니다. 물이 없으면 한 순간도 생명이 살 수 없다는 것을 깨닫게 해 주세요.

- 사람 65%, 감자 80%, 소 74%, 토마토 95%를 차지
- 생물이 가지고 있는 바다의 유산

(....................................)

3. 사진은 1960년 스위스 물리학자 피카르가 만든 잠수정 트리에스테 호예요. 이 잠수정을 타고 간 바닷속 땅은 어디일까요?

> Tip 스위스의 학자 오귀스트 피카르는 자신이 만든 기구를 이용해 성층권에 도달한 기록을 가지고 있었고, 다시 바닷속으로 눈을 돌려 트리에스테 호라는 잠수정을 만듭니다. 하지만 가장 깊은 바다에 도착한 사람은 그의 아들 자크 피카르였습니다.

(....................................)

4. 세 사람이 바다 깊숙이 잠수했어요. 가장 깊이 들어간 친구는 누구인가요?

> Tip 바닷속 깊이 들어갈수록 햇빛이 들지 않게 됩니다. 빨주노초파남보의 순서대로, 즉 파장이 짧은 순서대로 색깔이 사라지고 수심 200미터를 넘으면 햇빛이 완전히 사라진 어둠의 세계가 됩니다. 따라서 심해에 사는 물고기들은 스스로 빛을 내는 기관을 갖고 있는 경우가 대부분입니다.

 빨간 물고기가 검은 물고기로 보여.

 등불을 달고 있는 초롱아귀가 보이는데!

 이제 더 이상 햇빛이 비치지 않아.

5. 2004년 12월 인도네시아에 몰아닥친, 세상에서 가장 무서운 파도를 무엇이라고 부르나요?

> Tip 지진 해일은 '쓰나미'라고도 부르며 바다 밑에서 지진이나 화산 폭발이 일어난 충격으로 생겨나는 거대한 파도입니다. 일본 앞바다에서 지진 해일이 발생했다면 1시간~1시간 30분 후 우리나라 동해에 도달할 정도로 속도가 빠릅니다. 2004년 인도네시아 수마트라 섬에서 일어난 지진 해일은 세계에서 가장 큰 피해를 입힌 지진 해일로 기록되었습니다.

6. 사람처럼 허파(폐)로 숨을 쉬는 바닷속 친구를 찾아보세요.

> Tip 고래는 어류가 아니라 새끼를 낳아 젖을 먹여 키우는 포유동물입니다. 바다 생물 가운데 사람과 가장 가까운 친척이라고 할 수 있지요.

① 고래　　② 상어　　③ 거북　　④ 고등어

7. 산호초 왕국에 작은 물고기가 많이 사는 이유를 생각해서 적어 보세요.

> Tip 작은 물고기가 많이 모이는 산호초에는 큰 물고기를 비롯한 다양한 바다 생물이 찾아옵니다. 이렇게 생태계에서 중요한 역할을 하는 산호는 깨끗한 물에서만 사는 생물이라 세심한 보호가 필요하다는 것을 알려 주세요.

8. 보기에서 설명하는 생물의 이름은 무엇일까요?

   Tip 플랑크톤은 바다의 생태계에서 육지의 식물과 같은 생산자 역할을 합니다.

   - 바다에 흘러 다니는 조그만 생물
   - '방랑자'라는 뜻의 이름
   - 물고기의 좋은 먹이

9. 바닷물이 강물이 되기까지 순서대로 기호를 써 보세요.

   Tip 물의 순환 과정은 지구의 생물들에게 없어서는 안 될 중요한 과정입니다. 구름에서 내리는 비가 바다에서 증발한 수증기에서 온다는 것을 아이가 이해할 수 있도록 지도해 주세요.

   [보기]
   ㉠ 구름   ㉡ 수증기   ㉢ 비

   바닷물 → (........) → (........) → (........) → 강물

10. 우리나라가 바닷물에 잠겨 버린다면 우리는 어떻게 될지 상상해서 적어 보세요.

    Tip 지구 온난화로 인한 해수면 상승 문제를 아이와 이야기해 보세요. 물에 잠기고 있는 남태평양의 나라 투발루와, 빙하가 녹아서 멸종 위기에 놓인 북극곰을 예로 들어 이야기해 보는 것도 좋겠습니다.

답&설명

1. 본책 20~22쪽 | 교과서 29쪽
   바다, 지구
   → 초등과학 5-1 / 1. 지구와 달

2. 본책 38쪽 | 교과서 124~125쪽
   물
   → 초등과학 4-1 / 4. 모습을 바꾸는 물

3. 본책 42~43쪽 | 교과서 76~77쪽
   마리아나 해구 바닥
   → 초등과학 4-1 / 2. 지표의 변화

4. 본책 49, 51~53쪽 | 교과서 74쪽
   소연
   → 초등과학 3-2 / 2. 동물의 세계

5. 본책 78~79쪽 | 교과서 136~137쪽
   지진 해일
   → 초등과학 4-2 / 4. 화산과 지진

6. 본책 88~89쪽 | 교과서 58~59쪽
   ①
   → 초등과학 3-2 / 2. 동물의 세계

7. 본책 98쪽 | 교과서 53쪽
   먹이가 많고 숨을 곳이 많아서
   → 초등과학 3-2 / 2. 동물의 세계

8. 본책 103~105쪽 | 교과서 58~59쪽
   플랑크톤
   → 초등과학 3-2 / 2. 동물의 세계

9. 본책 122~123쪽 | 교과서 30~31쪽
   ⓒ ㉠ ⓒ
   → 초등과학 6-2 / 1. 날씨의 변화

10. 본책 132~134쪽 | 교과서 42~43쪽
    예시) 살 곳이 없어져요, 배를 타고 다녀야 해요. 등
    → 초등과학 6-2 / 1. 날씨의 변화

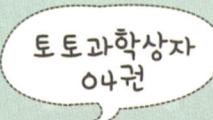

생명탐험대 시간 다이얼을 돌려라

태양계 탄생에서부터 선캄브리아대, 고생대, 중생대, 신생대까지. 지구 생명체가 어떻게 생겨나고 변해 왔는지 그 진화 과정을 알아봅니다. 아름답고, 뜨겁고, 묵직한 생명에 대한 경외심을 느끼게 될 것입니다.

지도 가이드 과거 생명체들의 역사를 통해서 하찮다고 여겼던 작은 생물이 소중하고 놀라운 존재라는 것을 깨닫도록 퀴즈를 구성했습니다. 새롭게 생겨나고 사라지는 생물들의 모습을 통해 앞으로 인간은 어떻게 변화할지 상상해 보도록 지도하세요.

퀴 즈

1. 지구 생명의 역사를 순서대로 맞게 나열해 놓은 것은 어떤 것인가요?

   Tip 책 속에 전개되고 있는 이야기의 구조가 지구 생명 역사의 순서대로 전개되고 있어요.

   ① 선캄브리아대 …… 고생대 …… 신생대 …… 중생대
   ② 고생대 …… 선캄브리아대 …… 신생대 …… 중생대
   ③ 선캄브리아대 …… 고생대 …… 중생대 …… 신생대
   ④ 고생대 …… 중생대 …… 신생대 …… 선캄브리아대

2. 다음 친구의 말에 들어갈 알맞은 단어를 보기에서 찾아 써 보세요.

> [보기]
> 지각, 박테리아, 대기, 천체, 운석

어제 읽은 책은 우주 공간에 떠 있는 물체인 ( ) 에 관해서 자세하게 설명하고 있어. 또 지구를 이불처럼 둘러싸고 있는 ( ) 와 유산균이나 대장균 같은 작은 ( ) 에 대해서도 설명하고 있어.

3. 지구가 생겨난 과정을 알맞게 설명한 것은 어떤 것인가요?

   Tip 지구가 어떤 과정을 거쳐 만들어지는지 책을 보며 함께 정리해 보세요.

   ① 지구는 우주에 떠도는 돌멩이들이 모여서 만들어졌어요.
   ② 지구는 태양에서 나오는 열에 의해 쇳조각이 녹으면서 뭉쳐져 만들어졌어요.
   ③ 지구는 가스와 먼지 부스러기가 오랜 세월을 두고 모여서 만들어졌어요.
   ④ 지구는 우주에 처음부터 있었어요.

[4-5] 다음 말이 본문의 내용과 맞으면 ○표, 그렇지 않으면 ✕표 하세요.

4. 선캄브리아대에는 여러 가지 박테리아가 나타났다.

   Tip 박테리아의 구체적인 이름도 찾아보세요. 시아노박테리아의 특징을 함께 살펴보세요.

5. 중생대에는 공룡이 살았다.

   Tip 중생대에 출현하는 다양한 공룡들의 이름들을 시기별로 알아보세요.

6. 다음 그림과 어울리는 낱말을 연결해 보세요.

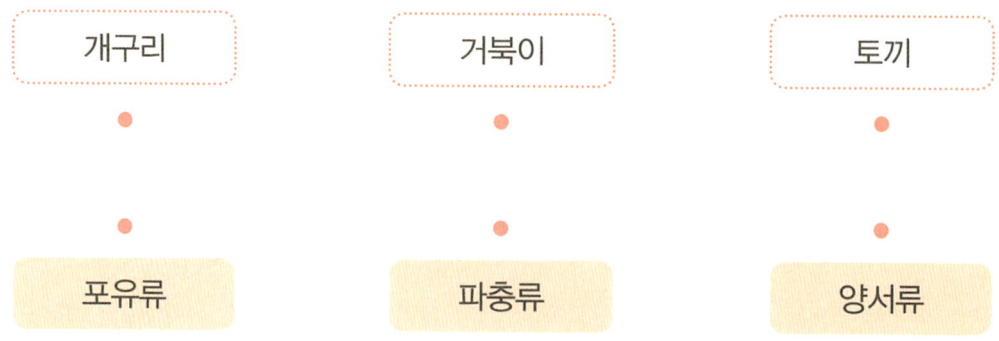

7. 다음 이야기를 읽고 신생대를 '새 생명의 시대'라고 부르는 이유는 무엇인지 적어 보세요.

> Tip '새 생명' 이라는 단어의 의미를 생각해 본 후 답을 해 보세요.

백악기 말에는 모든 생물의 60퍼센트가 멸종했어. 암모나이트, 공룡 등의 생물이 지구상에서 완전히 사라져 버렸지. 하지만 그 빈자리를 다른 동물들이 차지하기 시작했어. 포유류와 조류가 그 주인공이야.

8. 지구가 탄생하는 다음의 과정을 순서대로 나열해 보세요.

① 용암으로 덮여 있다.
② 원시 지구가 탄생했다.
③ 수천 년 동안 쉴 새 없이 비가 내렸다.
④ 하늘에서는 운석이 떨어지고 땅덩어리는 무섭게 요동쳤다.
⑤ 지각이 점점 두꺼워졌다.

9. 석탄이 되는 과정을 설명해 보세요.

10. 시기별 대표 생물이 잘못된 것은 어떤 것인가요?

> Tip 조류는 중생대 쥐라기 때 나타나기 시작했으며, 신생대에 비로소 많은 종류가 번식했어요.

① 선캄브리아대 ····· 박테리아
② 고생대 ····· 조류
③ 중생대 ····· 공룡
④ 신생대 ····· 인류

답&설명

1. **본책 76쪽** / **교과서 66~77쪽** ③
   → 초등과학 4-2 / 2. 지층과 화석 (2) 암석 속에 있는 생물의 흔적

2. **본책 45쪽** / **교과서 66~77쪽** 천체, 대기, 박테리아
   → 초등과학 4-2 / 2. 지층과 화석 (2) 암석 속에 있는 생물의 흔적

3. **본책 23쪽** / **교과서 34쪽** ③
   → 초등과학 5-1 / 1. 지구와 달

[4~5]

4. **본책 49쪽** / **교과서 66~77쪽** ○
   → 초등과학 4-2 / 2. 지층과 화석 (2) 암석 속에 있는 생물의 흔적

5. **본책 110쪽** / **교과서 66~77쪽** ○
   → 초등과학 4-2 / 2. 지층과 화석 (2) 암석 속에 있는 생물의 흔적

6. **본책 104~105쪽** / **교과서 66~77쪽** 개구리-양서류, 거북이-파충류, 토끼-포유류
   → 초등과학 4-2 / 2. 지층과 화석 (2) 암석 속에 있는 생물의 흔적

7. **본책 143쪽** / **교과서 66~77쪽** 예시) 많은 동물들이 멸종했지만 그들을 대신해 새로운 종인 포유류와 조류가 출현하게 되었기 때문이에요.
   → 초등과학 4-2 / 2. 지층과 화석 (2) 암석 속에 있는 생물의 흔적

8. **본책 31~38쪽** / **교과서 34쪽** ①, ⑤, ④, ③, ②
   → 초등과학 5-1 / 1. 지구와 달

9. **본책 98쪽** / **교과서 66~77쪽** 예시) 석탄기의 석송들은 자라고 쓰러져 늪 바닥에서 썩어서 걸쭉해졌어요. 많은 시간이 흘러 그 위에 다시 진흙과 모래가 쌓였고, 땅속에 묻힌 식물의 잔해는 석탄이 되었어요.
   → 초등과학 4-2 / 2. 지층과 화석 (2) 암석 속에 있는 생물의 흔적

10. **본책 143쪽** / **교과서 66~77쪽** ②
    → 초등과학 4-2 / 2. 지층과 화석 (2) 암석 속에 있는 생물의 흔적

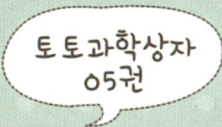

지구는 오늘도 바빠요

지구는 잠시도 쉬지 않고 끝없이 움직이고 있다는 사실을 알고 있나요? 46억 년 전 지구가 태어난 때부터 지금 이 순간까지 지구 구석구석에서 일어나고 있는 땅·바다·대기의 여러 가지 변화에 대하여 알아봅니다.

지도 가이드
우리가 살고 있는 지구 위의 모든 생물과 땅과 바다의 역사 및 기후 환경의 변화까지 전반적인 문제로 구성되어 있습니다. 지구의 모습을 연상할 수 있도록 아이의 생각을 묻고 함께 생각해 볼 수 있도록 지도하세요.

퀴즈

1. 예전엔 지구가 네모라고 알고 있었어요. 그러나 지구가 둥글다고 믿고 있었던 사람들도 있었죠. 다음 (   ) 안에 알맞은 이름을 써 보세요.

   Tip 콜럼버스가 지구가 둥글다는 것을 증명하기 위하여 떠난 항해에서 발견된 대륙이 지금의 아메리카 대륙이에요. 하지만 콜럼버스는 죽을 때까지 그 곳이 인도라고 알고 있었어요.

   아리스토텔레스 → (　　　　　) → 마젤란

2. 우리가 두 발을 땅에 붙이고 생활할 수 있는 것도, 지구 반대편에 있는 사람들도 거꾸로 서 있지만 떨어지지 않는 것도 모두 이것 때문이라고 해요.
이것은 무엇인가요?

   Tip 뉴턴이 사과가 땅에 떨어지는 것을 보며 깨달은 '만유인력의 법칙'이 바로 중력이에요.

   ① 자전   ② 중력   ③ 대기   ④ 공전

3. 우리나라의 백두산과 한라산, 일본의 후지 산은 바로 육지에서 이 활동이 일어나 평평했던 곳이 산이 된 경우예요. 이 활동은 무엇인가요?

   Tip 화산 활동은 땅을 만들기도 하지만 반대로 화산 활동으로 인하여 섬의 반 이상이 없어지는 경우도 많이 있어요.

   (........................) 활동

4. 태양과 태양 주위를 도는 별들을 합쳐서 태양계라고 하는데 모두 8개가 있어요. 순서에 맞도록 써 보세요.

   Tip 태양을 중심으로 태양의 가족들을 다시 한 번 알아볼까요?
   태양 · 수성 · 금성 · 지구 · 화성 · 목성 · 토성 · 천왕성 · 해왕성

   수성 - (........) - 지구 - (........) - 목성 - (........) - 천왕성 - 해왕성

5. 우리는 매일 아침 태양이 뜬다고 말하지요. 하지만 사실 이건 잘못 말하고 있는 거예요. 다음에 알맞은 말을 ( ) 안에 써 보세요.

> Tip 지구뿐만 아니라 태양을 포함한 태양계의 모든 가족은 제자리에서 자전을 하고 있어요.

지구에 살고 있는 우리 눈에는 마치 태양이 동쪽에서 서쪽으로 움직이는 것처럼 보이지요. 하지만 실제로는 지구가 ( )에서 ( )으로 자전하기 때문에, 마치 태양이 동쪽에서 서쪽으로 움직이는 것처럼 보이는 거예요.

6. 다음은 우리나라 동요 가운데 한 구절이에요. 이 노래는 돌의 어떤 작용을 설명한 것인데, 이 작용은 무엇인가요?

> Tip 지구가 처음 태어났을 때 육지는 흙이 하나도 없고 온통 바위투성이였대요. 오랜 세월 동안 풍화 작용이 일어나서 흙이 만들어진 것이지요.

> "바윗돌 깨뜨려 돌멩이,
> 돌멩이 깨뜨려 자갈돌,
> 자갈돌 깨뜨려 모래알"

7. 다음은 강의 상류, 중류, 하류에 대한 설명이에요. 각각에 맞는 설명끼리 연결해 보세요.

상류 •   • 평지와 다름없어 물이 천천히 흘러요.

중류 •   • 좁은 계곡 사이로 물이 세차게 흘러요.

하류 •   • 물의 양이 많아져 강이 구불구불 흘러요.

8. 강원도 영월에 놀러간 민주는 삼엽충 화석을 보았어요. 이처럼 오랜 옛날 지구에 살던 동식물의 흔적이 돌처럼 굳어진 이 돌의 이름은 무엇인가요?

> Tip 화석은 오랜 옛날 지구에 살던 동식물의 몸이나 흔적이 돌처럼 굳어진 것을 말해요. 화석이 되려면 시체가 퇴적물과 함께 쌓여야 하고 시체가 썩어서 없어지기 전에 재빨리 새로운 퇴적물이 위에 쌓여서 굳어져야 하지요.

9. 주로 일본, 인도, 대서양 동쪽 등에서 일어나는 현상으로 화산 활동이 활발한 지역과 거의 일치하며 땅이 흔들리고 갈라지는 현상을 무엇이라고 하나요?

> Tip 지각이 10여 개의 크고 작은 조각으로 갈라져 있기 때문에 그 조각 사이의 틈이 벌어진 지역에 화산 활동이 자주 일어나고 지진도 많이 발생하는 것입니다.

9. 우리나라는 봄, 여름, 가을, 겨울의 사계절이 뚜렷해요. 이처럼 계절이 변하는 까닭은 무엇 때문인지 적어 보세요.

답 & 설명

1. **본책 21~23쪽** | **교과서 29쪽**
   콜럼버스
   ➔ 초등과학 5-1 / 1. 지구와 달

2. **본책 32쪽** | **교과서 26~27쪽**
   ②
   ➔ 초등과학 4-1 / 1. 무게 재기

3. **본책 104쪽** | **교과서 118~121쪽**
   화산
   ➔ 초등과학 4-2 / 4. 화산과 지진

4. **본책 27쪽** | **교과서 136~137쪽**
   금성, 화성, 토성
   ➔ 초등과학 5-2 / 4. 태양계와 별

5. **본책 36쪽** | **교과서 38~39쪽**
   서쪽, 동쪽
   ➔ 초등과학 5-1 / 1. 지구와 달

6. **본책 84, 85쪽** | **교과서 60~61쪽**
   풍화 작용
   ➔ 초등과학 4-1 / 2. 지표의 변화

7. **본책 87쪽** | **교과서 70~73쪽**
   상류 • — • 평지와 다름없어 물이 천천히 흘러요.
   중류 • — • 좁은 계곡 사이로 물이 세차게 흘러요.
   하류 • — • 물의 양이 많아져 강이 구불구불 흘러요.
   ➔ 초등과학 4-1 / 2. 지표의 변화

8. **본책 90쪽** | **교과서 70~71쪽**
   퇴적암
   ➔ 초등과학 4-2 / 2. 지층과 화석

9. **본책 106~109쪽** | **교과서 34쪽, 138~139쪽**
   지진 활동
   ➔ 초등과학 4-2 / 4. 화산과 지진

10. **본책 120~121쪽** | **교과서 108~109쪽**
    예시) 지구가 자전축이 기울어진 채로 태양 주위를 공전하기 때문이에요. 같은 지역이라도 지구의 위치에 따라 태양열을 많이 받으면 기온이 높고 적게 받으면 기온이 낮아지는 겁니다. 그래서 계절이 생기는 거예요.
    ➔ 초등과학 6-1 / 3. 계절의 변화

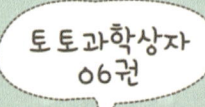

북극곰도 모르는 북극 이야기

북극은 전 세계 사람들의 주목을 받고 있는 지역입니다. 북극이 지구의 기후 변화를 예측하는 중요한 곳이기 때문이지요. 또 석유를 비롯한 광물자원과 수산자원이 풍부해 여러 나라가 개발에 힘쓰고 있는 곳이기도 합니다.

 북극의 생태와 자원 연구에 몰입하는 연구자들의 모습을 알 수 있도록 독서 퀴즈를 구성했습니다. 북극을 낯설게 느낄 수 있는 아이들에게 북극에서 살고 있는 다양한 생물과 자원에 대해 친숙하게 느끼도록 지도해 주세요.

퀴 즈

1. '북극'하면 떠오르는 거대한 얼음 덩어리는 무엇인가요?

   Tip 빙하란 극지방이나 고산 지대의 만년설이 오랜 시간 쌓여 압축되어 만들어진 얼음덩이가 그 무게와 중력에 의해 낮은 쪽으로 천천히 흐르는 것을 말해요.

2. 북극 지방의 연구 기지 건물은 눈이 많이 와도 지붕 위로 눈이 쌓이지 않도록 지붕을 만들었어요. 어떤 모양으로 지었나요?

   Tip 눈이 많이 와도 지붕 위에 눈이 쌓이지 않도록 지붕의 기울기가 심하게 기울어져 있습니다.

   (................) 모양

3. 다음 괄호 안에 들어갈 낱말을 보기에서 찾아 써 보세요

> Tip
> 위도 : 지구 표면에서 남북 방향으로 어디쯤인지 지점의 위치를 나타내기 위하여 그은 선이에요.
> 경도 : 지구 표면에서 동서 방향으로 어디쯤인지 지점의 위치를 나타내기 위하여 그은 선이에요.
> 적도 : 지구의 자전축에 대하여 지구의 중심을 지나도록 자른 평면과 지구 표면이 만나는 선이에요.

[보기]
적도   경도   위도

(............) 는 적도를 중심으로 지구를 가로(위 아래)로 나눈 선이다.
(............) 는 지구를 세로(왼쪽 오른쪽)로 나눈 선이다.
(............) 는 위도 0°, 북극점은 북위 90°, 남극점은 남위 90°라고 한다.

4. 이것은 지구가 태양에 비스듬히 기울어진 채 그 주위를 돌기 때문에 나타나는 현상입니다. 북극 지방에서 주로 나타나며 하루 종일 해가 지지 않는 이 현상은 무엇이라고 하나요?

> Tip 약 48° 이상의 고위도 지방에서 한여름에 태양이 완전히 지지 않는 현상이에요. 북극에서는 하지 무렵에, 남극에서는 동지 무렵에 일어나며 가장 긴 곳은 6개월 동안 지속된답니다.

5. 북극의 빙하가 갑자기 녹는 것은 지구의 온도가 높아지는 현상 때문입니다. 이러한 현상을 무엇이라고 부르나요?

> Tip 지구 표면의 평균 온도가 상승하는 현상을 말해요. 이 때문에 땅이나 물에 있는 생태계가 변화하거나 해수면이 올라가서 해안선이 달라지는 등의 문제가 발생합니다. 온난화는 화석 연료의 지나친 사용으로 온실 가스가 늘어나서 생긴다는 설이 가장 유력합니다.

6. 지구 온난화를 막기 위해서 여러분이 실천할 수 있는 방법에 대하여 적어 보세요.
첫째, 프레온 가스나 석유 같은 화석 연류의 사용량을 줄여요.

둘째, ...
셋째, ...
넷째, ...
다섯째, ...

7. 산성비는 식물에게 어떤 영향을 줄까요?

8. 북극에 사는 곤충의 종류가 남극보다 훨씬 많은 이유는 무엇일까요?

> **Tip** 북극 지역의 여름철 최고 기온은 10~15°C 정도로 비교적 따뜻하며, 가장 많이 사는 곤충은 파리입니다.

9. 지구에 매장된 모든 원유와 천연가스의 4분의 1이 숨겨져 있다고 할 정도로 북극해에는 엄청난 양의 천연자원이 매장되어 있습니다. 주로 수심 200미터 미만에 묻혀 있는 이 천연자원은 무엇과 무엇인가요?

> Tip 석유나 석탄 등 대부분의 천연자원은 수심이 200미터 미만인 대륙붕에 주로 매장되어 있습니다.

(................) 와 (................)

10. 방 안에서 유리컵을 덮은 얼음과 덮지 않은 얼음 중 어느 쪽이 빨리 녹을까요? 실제로 실험을 해 보고 어떤 결과가 나오는지 결과를 적어 보세요.

> Tip 얼핏 생각하면 컵을 덮은 얼음이 햇볕을 덜 받아서 오래 갈 것 같기도 합니다. 그러나 유리컵은 태양의 열이 컵 밖으로 빠져 나가지 못하도록 붙잡아 둡니다. 그래서 컵 속의 공기가 빨리 데워지고, 그 속에 들어 있던 얼음이 다른 접시의 얼음보다 더 빨리 녹게 되는 거지요.

[준비물] 접시 2개, 유리컵 1개, 얼음 2개
[방 법] 1. 두 접시에 얼음을 각각 하나씩 올려놓으세요.
2. 한 얼음 위에만 컵을 덮으세요.
3. 두 접시를 햇볕에 나란히 놓고 관찰해 보세요.

결과

답&설명

1. **본책** 8쪽 | **교과서** 124~125쪽
   빙하
   → 초등과학 4-1 / 4. 모습을 바꾸는 물

2. **본책** 19~20쪽 | **교과서** 100~101쪽
   세모
   → 초등과학 4-2 / 3. 열 전달과 우리 생활

3. **본책** 29쪽 | **교과서** 108~109쪽, 113쪽
   위도, 경도, 적도
   → 초등과학 6-1 / 3. 계절의 변화

4. **본책** 62쪽 | **교과서** 107쪽
   백야
   → 초등과학 6-1 / 3. 계절의 변화

5. **본책** 121쪽 | **교과서** 84~85쪽
   지구 온난화
   → 초등과학 6-2 / 2. 여러 가지 기체

6. **본책** 123, 134쪽 | **교과서** 84~87쪽
   예시) 가까운 거리는 자동차 대신 걸어가거나 자전거를 탑니다. 대낮에는 방안 불을 꺼 둡니다. 쓰지 않는 전기 기구의 전선은 뽑아 둡니다. 냉장고 문을 자주 여닫지 않습니다. 겨울철 방 안 온도는 18°C가 되도록 조절합니다. 등
   → 초등과학 6-2 / 2. 여러 가지 기체

7. **본책** 142~143쪽 | **교과서** 142~143쪽
   산성비는 식물의 잎 표면을 손상시키고 엽록소를 파괴합니다. 식물은 광합성을 하지 못하게 되고 잎이 노랗게 변하게 되는 황화 현상이 발생하게 됩니다. 또한 식물에게 도움이 되는 토양 속의 미생물을 죽게 만듭니다.
   → 초등과학 6-1 / 4. 생태계와 환경

8. **본책** 99쪽 | **교과서** 138쪽
   북극의 여름철 기온이 남극보다 높기 때문입니다.
   → 초등과학 6-1 / 4. 생태계와 환경

9. **본책** 117쪽 | **교과서** 73쪽
   석유와 석탄
   → 초등과학 4-2 / 2. 지층과 화석

10. **본책** 121쪽 | **교과서** 104~107쪽
    컵을 덮은 얼음이 더 빨리 녹습니다.
    → 초등과학 4-2 / 3. 열 전달과 우리 생활

토토과학상자 07권

공이 굴러가지? 그게 물리야!

공은 왜 굴러갈까요? 파도는 왜 일어나며 번개는 왜 치는지 궁금하지 않나요? 우리가 사는 이 세상 모든 것을 움직이는 힘의 원리를 알려주는 것이 바로 물리입니다. 관심만 가지면 놀이하듯 신나고 재미있게 물리를 배울 수 있습니다.

 지도 가이드
물리 용어를 이해하고 일상생활에서 일어나는 일들에 물리의 원리를 연결시켜 볼 수 있는 문제로 퀴즈를 구성하였습니다. 이야기를 따라 한 쪽 한 쪽 읽다보면 어렵다고 생각한 물리가 쉬워질 것이라고 지도하세요.

퀴 즈

1. 뉴턴의 법칙 중, '모든 움직이는 물체는 계속 움직이려는 성질이 있다.'라는 말은 무엇을 설명하는 것인가요?

   Tip 관성의 법칙은 '정지하고 있는 물체는 계속 정지한 상태로 있으려 하고, 움직이는 물체는 계속 움직이려고 한다.'는 것입니다.

   ① 관성의 법칙　　　　② 에너지 보존의 법칙
   ③ 힘과 가속도의 법칙　　④ 작용과 반작용의 법칙

2. 아래의 문장 내용이 맞으면 O표, 틀리면 X표 하세요.

> Tip 진공 상태에서는 물체의 무게와 상관없이 모두 같은 속도로 떨어지지만, 진공 상태가 아닐 때는 공기의 저항 때문에 무거운 물체가 더 먼저 떨어집니다.

공기가 있는 상태에서 무게가 다른 두 개의 공을
동시에 떨어뜨리면 동시에 떨어져요.

3. 아래 보기에서 지레의 원리로 움직이는 것을 모두 찾아 동그라미 하세요.

> Tip 막대를 이용하여 작은 힘을 큰 힘으로 바꾸는 도구를 지레라고 합니다. 지레의 작용점 중 한 점을 물체로 받쳐 고정하는 곳을 받침점, 무거운 물체를 들어 올리는 곳을 작용점, 그 반대쪽의 아래로 눌러 힘을 주는 곳을 힘점이라고 합니다.

[보기]
공기, 낚시, 제기차기, 시소놀이

4. 다음 중 에너지에 대한 설명으로 알맞은 것은 어느 것인가요?

> Tip 에너지란 일을 할 수 있는 능력을 말합니다.

① 에너지는 일과 같다.
② 에너지는 매일 새롭게 생긴다.
③ 에너지는 사라지지 않고 형태만 변한다.
④ 에너지는 우리 생활에서 그다지 중요하지 않다.

5. 서로 관계있는 것끼리 선으로 연결해 보세요.

적외선 ●   ● 많이 쬐면 피부가 상한다.

자외선 ●   ● 리모컨, 경보 장치의 센서

가시광선 ●   ● 우리가 볼 수 있는 무지개의 빛

6. 롤러코스터가 움직일 때 어떤 에너지들이 이용되는지 적어 보세요.

(................................. , ...)

7. 다음과 같은 자연 현상이 일어나는 까닭은 무엇인지 적어 보세요.

> **Tip** 질량이 있는 모든 물체는 서로 당기는 힘을 가지고 있는데, 이 힘을 만유인력이라고 합니다.

● 사과가 나뭇가지에서 땅으로 떨어진다.

● 바닷물이 밀려갔다 되돌아오기를 반복한다.

8. 유리병에 모래를 넣고 계속 흔들면 모래의 온도가 올라갑니다. 이 때 생긴 에너지의 전환 과정을 보기에서 찾아 적어 보세요.

Tip 에너지는 사라지지 않고 형태를 바꾸며 존재합니다.

[보기]
열, 화학, 태양, 전기, 역학적

( ) 에너지 ➡ ( ) 에너지

9. 다음의 도구는 지레의 원리로 움직입니다. 그림에 힘점, 받침점, 작용점을 각각 적어 보세요.

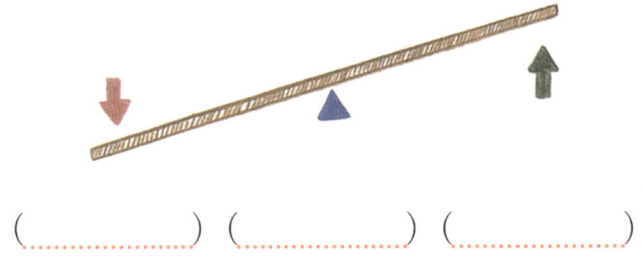

( ) ( ) ( )

10. 도르래는 힘을 줄이거나 방향을 바꾸어 일을 쉽게 할 수 있도록 도와줍니다. 우리 주변에 도르래를 이용한 도구는 어떤 것들이 있는지 써 보세요.

Tip 도르래는 바퀴 모양의 기구에 줄을 걸어서 힘의 방향을 바꾸거나 (고정 도르래), 작은 힘으로 큰 힘을 얻게 하는 (움직도르래) 도구입니다. 고정 도르래와 움직도르래를 적절히 조합하면 힘을 늘리고 방향을 바꿀 수 있습니다.

(, ,)

답&설명

1. **본책 48쪽** | **교과서 26~27쪽**
   ①
   → 초등과학 4-1 / 1. 무게 재기

2. **본책 65쪽** | **교과서 26~27쪽**
   X
   교과서 65쪽 → 초등과학 4-1 / 1. 무게 재기

3. **본책 80쪽** | **교과서 108~109쪽**
   낚시, 시소 놀이
   → 초등과학 6-2 / 3. 에너지와 도구

4. **본책 104, 107쪽** | **교과서 96쪽**
   ③
   → 초등과학 6-2 / 3. 에너지와 도구

5. **본책 121쪽** | **교과서 99쪽**
   적외선 •　　　　• 많이 쬐면 피부가 상한다.
   자외선 •　　　　• 리모컨, 경보 장치의 센서
   가시광선 •　　　• 우리가 볼 수 있는 무지개의 빛
   → 초등과학 4-2 / 3. 열 전달과 우리 생활

6. **본책 110쪽** | **교과서 101쪽**
   위치 에너지, 운동 에너지
   → 초등과학 6-2 / 3. 에너지와 도구

7. **본책 73쪽** | **교과서 26~27쪽**
   만유인력 때문입니다.
   → 초등과학 4-1 / 1. 무게 재기

8. **본책 107쪽** | **교과서 100~101쪽**
   역학적, 열
   → 초등과학 6-2 / 3. 에너지와 도구

9. **본책 96쪽** | **교과서 107쪽**
   힘점, 받침점, 작용점
   → 초등과학 6-2 / 3. 에너지와 도구

10. **본책 101쪽** | **교과서 112~113쪽**
    에스컬레이터, 엘리베이터, 곤돌라 등
    → 초등과학 6-2 / 3. 에너지와 도구

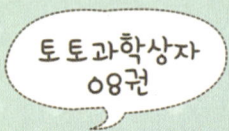

토토과학상자 08권

어, 기후가 왜 이래요?

북극의 빙하가 녹아내리고 푸른 초원이 사막으로 바뀝니다. 강력한 태풍이 시도 때도 없이 몰아치고 철새들은 길을 찾지 못하고 헤맵니다. 모두 지구 온난화 때문입니다. 지구가 더워지면 기후가 어떤 변화를 일으킬지 알아봅니다.

 지금 지구 곳곳에서 어떤 기후 변화가 일어나고 있는지, 그것이 우리 생활에 어떤 영향을 미치는지 등을 재미있게 이해할 수 있도록 퀴즈를 구성하였습니다. 어려워하는 부분은 표시된 본문을 다시 읽도록 지도해 주세요.

퀴 즈

1. 바닷물의 온도가 올라가면 굉장히 강한 태풍과 허리케인이 만들어져요. 태풍과 허리케인은 무엇이 물방울로 바뀔 때 만들어지는 열로 힘을 키울까요?

2. 이것은 '바다의 꽃'이라고 불릴 만큼 색이 화려합니다. 이것은 무엇인가요? 모양은 나뭇가지, 사슴 뿔, 버섯, 선인장, 탁자, 접시, 주름진 뇌, 부채, 솜사탕 등 다양해요

3. 기후란 무엇인가요? 왜 자꾸 변하는 것일까요? 자신의 생각을 적어 보세요.

> Tip 여러 해 동안 한 지역에 일정한 모습을 보여 준 날씨를 기후라고 합니다. 날씨와 달리 기후는 변하는 데 오랜 시간이 걸립니다. 태양을 도는 지구의 움직임이 변하거나 지구 자전축의 기울기와 방향이 바뀌면 기후도 변합니다. 육지와 바다의 위치, 빙하의 양과 위치가 변해도 기후는 변하게 됩니다.

4. 다음 괄호 안에 공통으로 들어갈 낱말을 써 보세요.

> Tip 적도 지방은 1년 내내 열대 기후, 극지방은 1년 내내 한대 기후, 중위도 지방은 온대 기후가 나타나는 등, 기후는 지역마다 각각 다르게 나타납니다.

- 여러 해 동안 한 지역에 일정한 모습을 보여 준 날씨를 (....................................) 라고 해요.

- 지구의 움직임이 변하거나 대륙의 이동으로 육지와 바다의 위치가 달라지면 (....................................) 가 변할 수 있어요.

5. 지구 대기의 99%는 질소와 산소, 나머지 1%는 이산화탄소, 아르곤, 오존, 헬륨, 수증기 등의 기체가 차지하고 있습니다. 이 중에 지구의 온도를 조절하는 것은 무엇과 무엇인가요?

(....................) 과(와) (....................)

6. 에스파냐 어로 '어린 소년', '아기 예수'를 뜻하는 말로, 적도 근처의 태평양 동쪽 바다에서 바닷물의 온도가 올라가는 현상을 무엇이라고 하나요?

> **Tip** 엘니뇨는 남아메리카 페루 및 에콰도르의 서부 열대 해상에서 수온이 평년보다 높아지는 현상입니다. 높아진 수온에 의해 어획량이 줄어 어장이 황폐화되고, 상승 기류가 일어나 중남미 지역에 폭우나 홍수 등의 기상 이변을 일으킵니다. 또한, 태평양 반대쪽인 호주 일대에 가뭄을 가져와 태평양 양쪽 모두에 이상 기상을 초래하고 농업과 수산업 전반에 큰 피해를 입히는 원인이 됩니다.

7. 6번의 답과 같은 현상은 왜 일어날까요? 그 이유를 적어 보세요.

> **Tip** 무역풍이 페루 연안에 태평양 적도 부근의 따뜻한 바닷물을 몰고 와 바닷물의 온도가 0.5℃, 심할 때는 7~10℃ 정도나 높아지게 합니다. 이것이 엘니뇨의 원인이 됩니다. 엘니뇨와 반대 현상인 라니냐는 에스파냐 어로 '여자 아이'라는 뜻입니다. 이것은 동태평양의 해수면 온도가 5개월 이상 평년보다 0.5℃ 이상 낮아지는 경우를 말합니다. 인도네시아, 필리핀 등의 동남아시아에는 격심한 장마가, 페루 등 남아메리카에는 가뭄이 그리고 북아메리카에는 강추위가 찾아올 수 있습니다. 그러나 현재까지 이 현상의 발생 과정, 활동 주기, 기상에 미치는 영향 등에 대해서 뚜렷하게 밝혀진 것은 없습니다.

8. 오존층을 파괴하는 프레온 가스는 사람들이 만들어 낸 것입니다. 일상생활에서 볼 수 있는 프레온 가스를 사용하는 제품에는 어떤 것들이 있을까요? 4가지를 적어 보세요.

(............) (............) (............) (............)

9. 1997년, '기후 변화 협약'의 가입국들이 일본의 교토에 모여 환경 보전을 위한 실천 방법들을 문서로 만들었습니다. 이 문서의 이름은 무엇인가요?

(..)

10. 매년 6월 5일은 인류 모두가 환경 보호 활동을 실천하는 '세계 환경의 날'입니다. 우리가 지구 온난화 문제를 해결하려면 어떻게 해야 할지 생각해서 적어 보세요.

> Tip 지구 온난화의 가장 큰 주범인 이산화탄소의 발생량을 줄일 수 있는 방법에 대하여 이야기 해 보세요. 우리 집에서 실천할 수 있는 것부터 아이와 함께 생각해 보세요.

답&설명

1. [본책 34쪽] [교과서 52~53쪽] 수증기
   → 초등과학 6-2 / 1. 날씨의 변화]

2. [본책 38~39쪽] [교과서 53쪽] 산호초
   → 초등과학 3-2 / 2. 동물의 세계]

3. [본책 ???쪽] [교과서 36~47쪽] 기후에 대해 생각해 보는 시간을 가져 보세요.
   → 초등과학 6-2 / 1. 날씨의 변화]

4. [본책 62~63쪽] [교과서 36~47쪽] 기후
   → 초등과학 6-2 / 1. 날씨의 변화]

5. [본책 68~69쪽] [교과서 42~43쪽] [교과서 79쪽] 이산화탄소와 수증기
   → 초등과학 6-2 / 1. 날씨의 변화, 초등과학 6-2 / 2. 여러 가지 기체]

6. [본책 98쪽] [교과서 36~47쪽)] 엘니뇨
   → 초등과학 6-2 / 1. 날씨의 변화]

7. [본책 99쪽] [교과서 36~47쪽] 남아메리카의 서쪽 해안에서 적도 지역을 향해 부는 바람인 무역풍 때문입니다.
   → 초등과학 6-2 / 1. 날씨의 변화]

8. [본책 126쪽] [교과서 42~43쪽] [교과서 84~85쪽] 예시) 에어컨, 냉장고, 반도체 세척제, 스프레이 등
   → 초등과학 6-2 / 1. 날씨의 변화, 초등과학 6-2 / 2. 여러 가지 기체]

9. [본책 128~129쪽] [교과서 42~43쪽] 교토 의정서
   → 초등과학 6-2 / 1. 날씨의 변화]

10. [본책 132~133쪽] [교과서 42~43쪽] [교과서 84~85쪽] 예시) 물을 아껴 쓰는 일, 비닐봉지를 사용하지 않고 장바구니를 사용하는 일, 일회용품을 사용하지 않는 일, 전기 제품을 사용하지 않을 때 전원을 끄고 플러그를 뽑아 두는 일, 재활용 쓰레기를 분리수거하는 일, 자전거 이용 등.
    → 초등과학 6-2 / 1. 날씨의 변화, 초등과학 6-2 / 2. 여러 가지 기체]

토토과학상자 09권

별가족, 태양계 탐험을 떠나다

태양계는 태양을 중심으로 행성 8형제가 나란히 사는 곳입니다. 우리가 사는 푸른 행성 지구는 그 중 셋째지요. 맨 처음 태양이 생겨난 과정을 살펴보고 수성부터 해왕성까지 하나하나 들여다보며 그 특성을 배웁니다.

 학교 교과 과정에도 있고, 어린이의 일상과 관련된 에피소드를 통하여 우주에 관한 상식을 재미있게 배웁니다. 체험 활동과 함께 우리 태양계에 있는 행성들의 이름과 모습을 구분할 수 있도록 지도해 주세요.

퀴즈

1. 다음 중 단어의 뜻이 올바르게 설명되어 있는 것은 어느 것인가요?

> Tip 항성은 태양처럼 덩치도 크고, 스스로 빛을 내는 별을 말해요. 성운은 우주에 먼지와 가스가 모여 있는 것을 가리켜요. 소행성은 태양이 생길 무렵 생겨났던 작은 돌덩이들이 합쳐지지 않고 그대로 남은 것을 말해요.

① 행성 ····· 태양 주위를 도는 별
② 소행성 ····· 꼬리가 달린 별
③ 성운 ····· 별이 폭발해서 생긴 부스러기
④ 항성 ····· 태양보다 크기가 큰 별

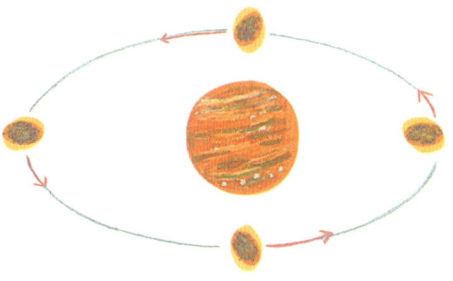

2. 태양계의 행성을 태양에서 가까운 순서대로 나열한 것은 어느 것인가요?

> **Tip** 예전에 태양계 가족 중 행성은 명왕성을 포함하여 9개였어요. 그런데 2006년 8월 체코의 프라하에서 열린 국제 천문 연맹 총회에서 과학자들은 명왕성을 행성으로 인정하지 않기로 결정했어요. 크기도 작고 공전 궤도도 다른 행성들과 달랐기 때문이랍니다.

① 수성, 금성, 지구, 화성, 토성, 목성, 천왕성, 해왕성
② 수성, 화성, 금성, 지구, 토성, 목성, 천왕성, 해왕성
③ 수성, 금성, 지구, 화성, 목성, 토성, 천왕성, 해왕성
④ 수성, 금성, 화성, 지구, 목성, 토성, 천왕성, 해왕성

[3~5] 행성의 이름과 특징을 알맞게 연결해 보세요.

3. 화성 ● ● 별의 크기가 작아서 공기가 거의 없는 별

4. 금성 ● ● 지구와 비슷한 조건을 가진 별

5. 수성 ● ● 이산화탄소가 많아서 뜨거운 별

6. 토성은 커다란 행성이지만 물에 뜰 수 있어요. 그 이유는 무엇인가요?

① 대부분 먼지로 이루어져 있기 때문이에요.
② 대부분 가스로 이루어져 있기 때문이에요.
③ 대부분 수증기로 이루어져 있기 때문이에요.
④ 토성의 고리가 튜브의 역할을 하기 때문이에요.

7. 해왕성이 파랗게 보이는 이유는 무엇인가요?

① 대기가 없기 때문이에요.
② 산소로 뒤덮여 있기 때문이에요.
③ 메탄으로 뒤덮여 있기 때문이에요.
④ 이산화탄소로 뒤덮여 있기 때문이에요.

8. 소행성에 대한 설명으로 알맞지 않은 것은 어느 것인가요?

> Tip 소행성은 변하지 않은 채 예전의 모습을 그대로 간직하고 있기 때문에 태양계가 생겨난 비밀을 푸는 데 큰 도움이 됩니다.

① 우주의 화석이라고 부른다.
② 가장 밝은 소행성의 이름은 '베스타'이다.
③ 크기가 작은 행성들이 서로 합쳐진 별이다.
④ 소행성을 통해 오래 전 태양계가 생겨난 비밀을 풀 수 있다.

[9~10] 다음 설명에 알맞은 낱말을 보기에서 찾아서 만들어 보세요.

[보기]
중 기 력 압

9. 우리 몸과 공기 등이 지구 밖으로 달아나지 않게 끌어당기는 힘

10. 공기가 누르는 힘

답&설명

1. [본책 11~12, 17, 39쪽] [교과서 134쪽 138~139쪽] ①
   → 초등과학 5-2 / 4. 태양계와 별

2. [본책 21쪽] [교과서 142~143쪽] ③
   → 초등과학 5-2 / 4. 태양계와 별

[3~5]
[본책 46~47쪽] [교과서 136~137쪽] → 초등과학 5-2 / 4. 태양계와 별

3. 화성 • — • 별의 크기가 작아서 공기가 거의 없는 별

4. 금성 • — • 지구와 비슷한 조건을 가진 별

5. 수성 • — • 이산화탄소가 많아서 뜨거운 별

6. [본책 116쪽] [교과서 136~137쪽] ②
   → 초등과학 5-2 / 4. 태양계와 별

7. [본책 144쪽] [교과서 136~137쪽] ③
   → 초등과학 5-2 / 4. 태양계와 별

8. [본책 39쪽] [교과서 138쪽] ③
   → 초등과학 5-2 / 4. 태양계와 별

9. [본책 48쪽] [교과서 26쪽] 중력
   → 초등과학 4-1 / 1. 무게 재기

10. [본책 59쪽] 기압

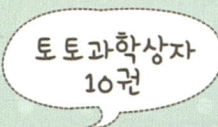
토토과학상자 10권

꿈틀꿈틀 꼼지락 무척추동물

무척추동물이란 등뼈가 없는 동물을 통틀어 말합니다. 지렁이, 불가사리, 해파리, 달팽이, 개미……. 무척추동물의 세계는 엄청납니다. 전체 동물 가운데 97%나 되지요. 유별나고 괴상하지만 최고의 성능을 자랑하는 이들에 대해 알아봅니다.

 재미있는 이야기와 친절한 설명을 통해 무척추동물의 특징을 알려 줍니다. 개정 교육과정에는 척추동물과 무척추동물의 구분이 없어졌지만, 3~4학년의 눈높이에서 풀 수 있는 간단한 문제와 좀 더 심화된 내용을 다루는 문제로 구성했습니다.

퀴 즈

1. 동물 가족을 분류했어요. 빈 칸을 채워 주세요.

 등뼈를 '척추' 라고도 부른다는 것을 알려 주세요. 척추동물에 속하는 다른 동물들에는 어떤 것이 있는지 (예를 들어 사람, 강아지, 고양이 등) 함께 이야기를 나누어 보세요.

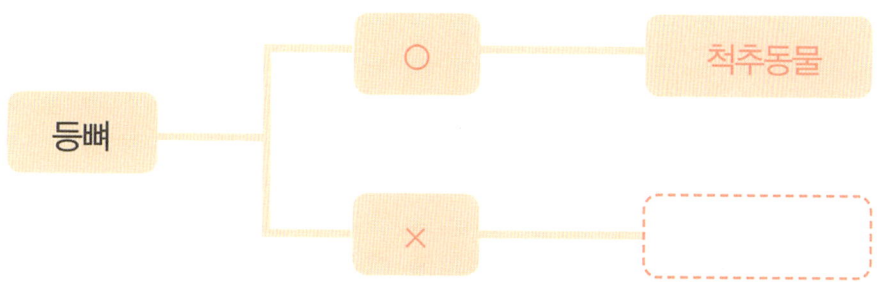

2. 동물의 이름과 특징을 연결해 보세요.

> Tip 각 동물의 대표적인 특징과 동물의 이름을 연결 지을 수 있도록 돕는 문제입니다. 각 동물의 다른 특징과 각 분류에 속하는 동물의 이름도 알려 주세요.

연체동물(달팽이) ●　　　● 입은 있지만 항문이 없어요.

강장동물(해파리) ●　　　● 납작하고 긴 나뭇잎 모양이에요.

편형동물(플라나리아) ●　　　● 몸이 흐물흐물해요.

3. 맞으면 O, 틀리면 X에 동그라미 하세요.

> Tip '환형'이 고리 모양이라는 것을 알려 주시면 왜 지렁이가 환형동물인지 이해하기 쉽습니다. 지렁이와 비슷하지만 고리가 없는 선형동물에 대해서도 알려주세요. (선형동물에 대해서는 교과서 70~71쪽을 참조하세요.) 해삼이 불가사리와 같은 극피동물이라는 것도 알려 주세요. 해삼은 곰이 겨울잠을 자는 것과는 반대로 수온이 높아질 때 잠을 잡니다.

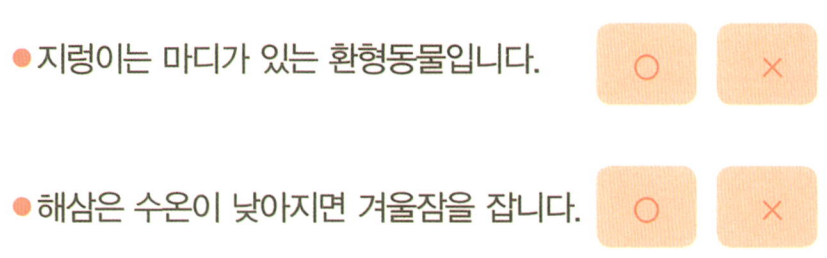

● 지렁이는 마디가 있는 환형동물입니다.　　O　X

● 해삼은 수온이 낮아지면 겨울잠을 잡니다.　　O　X

4. 별 모양이며 피부에 가시가 나 있고, 몸의 한 부분이 잘려도 새로 생겨나는 이 동물의 이름을 찾아 주세요.

해 　 　 가 　 　 사
불 　 삼 　 　 파 　 리

(....)

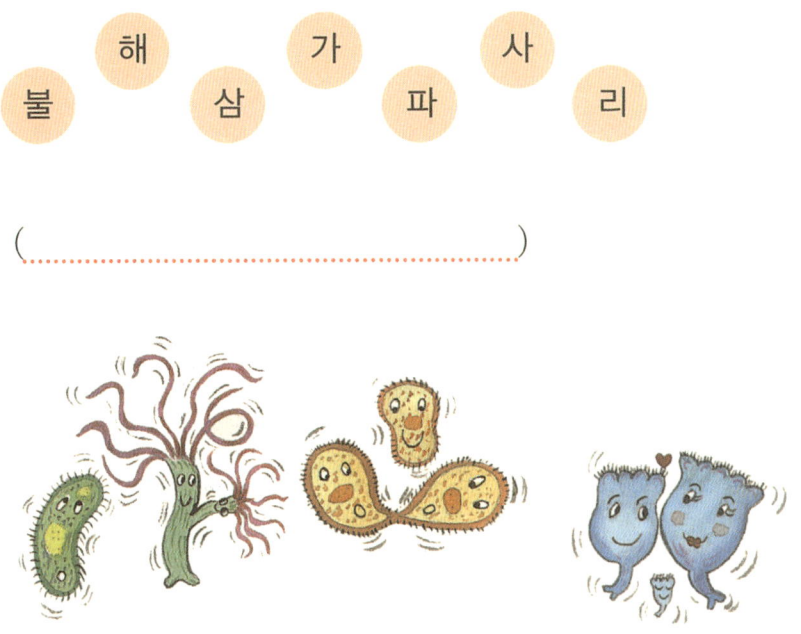

5. 거미는 곤충과 아주 비슷하지만 곤충이 아니랍니다. 곤충의 몸은 머리, 가슴, 배로 나뉘지만 거미의 몸은 '이것'과 배로 나뉘어요. 이것은 무엇인가요?

Tip 거미를 곤충으로 오해하는 아이들이 있습니다. 114쪽의 그림을 보면서 거미와 곤충의 몸의 구조를 비교하도록 해 주세요.

(..................) + 배

6. 곤충은 알에서 태어나 자라면서 몸의 모양이 변해요. 이것을 변태(탈바꿈)라고 하지요. 나비의 몸이 변화하는 과정을 그림으로 그려 보세요.

> **Tip** 나비는 알, 애벌레, 번데기, 성충을 거치는 완전 변태(탈바꿈)를 합니다. (여기서 예를 든 것은 호랑나비의 한살이입니다.) 성장에 따라 모습을 바꾸는 변태는 곤충류의 특징입니다. 아울러 번데기 과정을 거치지 않고 성충이 되는 불완전변태를 하는 곤충에 대해서도 알려 주세요.

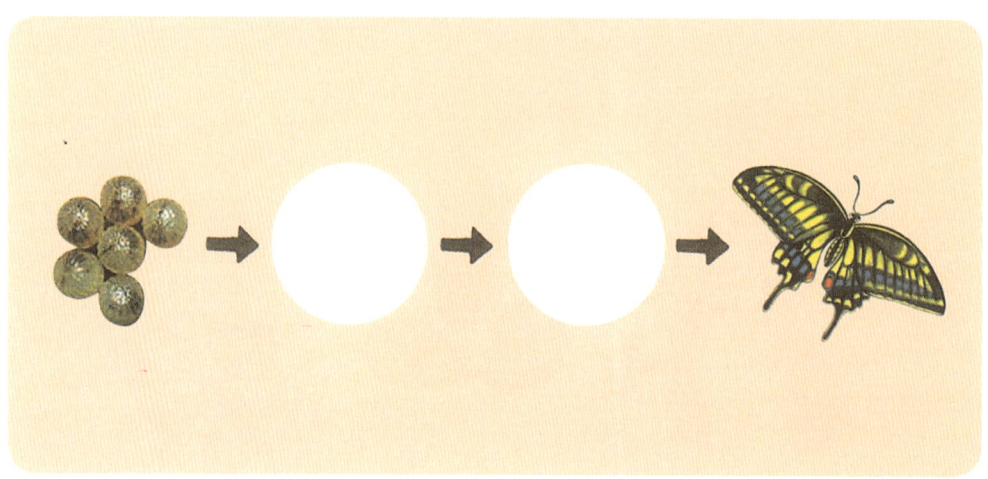

7. 나는 누구인가요?

ㄱ. 나는 지구에 나타난 최초의 생명체입니다.
ㄴ. 나는 다양한 모양을 하고 있어요.
ㄷ. 나를 세균이라고 부르기도 해요.

ⓑ ⓣ ⓡ ⓞ

[8~9] 다음 설명에 해당하는 말을 보기에서 찾아 써 보세요

> Tip 보기로 나온 호흡, 유전에 대해서는 27쪽을 참조하셔서 아이 눈높이에 맞추어 설명해 주세요.

[보기]

호흡   생식   진화   유전

8. 환경의 변화에 따라 변해가면서 다양한 생물이 생겨나는 과정

(..........................)

9. 생물이 자손을 낳는 것 (..........................)

10. 다음 문제의 답을 모두 더하면 몇이 될까요?

① 곤충의 몸은 몇 부분으로 나눌 수 있나요?   (............) 부분
② 달팽이의 더듬이는 몇 쌍인가요?   (............) 쌍
③ 거미의 다리는 몇 개인가요?   (............) 개

답&설명

1. [본책 30쪽] [교과서 50~51쪽] 무척추동물
   ➜ 초등과학 3-2 / 2. 동물의 세계

2. [본책 51쪽, 64쪽] [본책 95~96쪽] [교과서 50~51쪽]

   연체동물(달팽이) •   • 입은 있지만 항문이 없어요.
   강장동물(해파리) •   • 납작하고 긴 나뭇잎 모양이에요.
   편형동물(플라나리아) •   • 몸이 흐물흐물해요.
   ➜ 초등과학 3-2 / 2. 동물의 세계

3. [본책 85, 135쪽] [교과서 145쪽] O / ×
   ➜ 초등과학 5-1 / 4. 작은 생물의 세계

4. [본책 130쪽] [교과서 58~59쪽] 불가사리
   ➜ 초등과학 3-2 / 2. 동물의 세계

5. [본책 114쪽] [교과서 116~119쪽] 머리가슴
   ➜ 초등과학 3-1 / 3. 동물의 한살이

6. [본책 111~112쪽] [교과서 118~119쪽] 순서대로 애벌레, 번데기 그림이 들어갑니다.
   애벌레 　　번데기
   ➜ 초등과학 3-1 / 3.동물의 한살이

7. [본책 15쪽] [교과서 152~153쪽] 박테리아
   ➜ 초등과학 5-1 / 4. 작은 생물의 세계

[8~9]
   [본책 27,32쪽] [교과서 98~101쪽] 8. 진화 / 9. 생식
   ➜ 초등과학 3-1 / 3.동물의 한살이

   [본책 109쪽] [교과서 116~119쪽] 10. ① 3부분, ② 2쌍, ③ 8개, 모두 합해서 13
   ➜ 초등과학 3-1 / 3.동물의 한살이

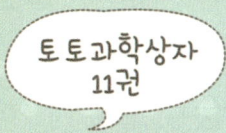

나한테 화학이 쏟아져

친구와 신나게 놀 때, TV를 볼 때, 심지어 잠잘 때마저 공기 속에 들어 있는 화학이 내게로 쏟아집니다. 좋아하는 친구를 만나면 얼굴이 발그레해지는 것도 화학이 만들어내는 현상이지요. 그 신비한 세상 속으로 함께 떠나 볼까요?

지도 가이드 일상에서 겪는 일들을 통해 생활 속의 화학 이야기를 통하여 화학의 기본 개념을 이해하고 우리 생활 속에서 화학 현상을 찾아보는 기본 퀴즈와 한 발 더 나아간 개념과 원리를 묻는 심화 퀴즈로 구성하였습니다.

퀴 즈

1. 물은 고체, 액체, 기체의 세 가지 상태로 변하는데, 상태에 따라 이름이 달라요. 알맞은 이름을 적어 보세요.

    물이 모양을 바꾸려면 열을 얻거나 빼앗겨야 한다는 것도 알려 주세요.

2. 각각의 혼합물에 어울리는 예를 찾아 연결해 보세요.

> Tip 두 가지 이상의 물질이 섞여 있지만 각각의 성질을 그대로 가지고 있는 것이 혼합물입니다.
> '균일이라는 말은 고루 섞였다는 뜻' 임을 알려 주세요.

균일 혼합물 ●   ● 소금물, 설탕물

불균일 혼합물 ●   ● 건더기가 있는 주스, 콘크리트

3. 맞으면 O, 틀리면 X에 동그라미 하세요.

우유, 주스처럼 두 가지 이상의 물질이 섞인 액체가 용액이에요.

4. 이글루에 물을 뿌리면 어떤 일이 일어날까요?

> Tip 물이 얼음을 만나 열을 내뿜기 때문에 (발열 현상) 이글루 안은 따뜻하게 됩니다.

① 이글루가 더 단단해진다.
② 이글루가 녹아 버린다.
③ 이글루 안이 더 추워진다.
④ 이글루가 부서진다.

5. 다음 중에서 우리 몸속에서 에너지로 바뀌어 힘을 낼 수 있게 하는 음식을 찾아 동그라미 하세요

> Tip 에너지원이 되는 것은 탄수화물이지요. 소고기와 두부는 단백질 식품입니다.

고구마   소고기   밥   옥수수   두부

6. 다음 설명이 맞으면 O, 틀리면 X 하세요.

물이 고체가 되면 부피가 줄어들어요.

7. 모래와 철가루가 섞인 혼합물을 분리하려면 어떻게 해야 할까요?

> Tip 혼합물을 분리하는 방법을 묻는 문제입니다. 이 밖에 책에 나온 다른 혼합물에 대해서도 어떤 원리를 이용하면 좋을지 이야기를 나누어 보세요.

① 혼합물을 물에 넣는다.
② 혼합물에 자석을 대 본다.
③ 그릇에 넣고 끓여 본다.
④ 체에 쳐서 걸러낸다.

8. 우유는 여러 가지 영양소가 물에 섞여 있는 용액이에요. ( ) 안에 알맞은 용어를 써 보세요.

영양소 ······ (   )

물 ······ 용매

9. 알코올을 묻힌 솜으로 상처를 닦으면 시원한 느낌이 들어요. 알코올이 주위의 열을 빨아들이는 흡열 현상이 일어나기 때문이지요. 다음 중 흡열 현상에 해당하는 것에만 동그라미 하세요.

   Tip 발열 반응과 흡열 반응을 구별하는 문제입니다.

   비가 그친 뒤에 공기가 시원해진다.   ······ (   )
   자일리톨 껌을 씹으면 입안이 시원하게 느껴진다. ······ (   )
   이글루에 물을 뿌리면 이글루 안이 따뜻해진다.   ······ (   )

10. 정빈이가 먹은 저녁 식사예요. 탄수화물 음식에는 ○, 단백질 음식에는 △, 지방이 든 음식에는 □표 해 주세요.

    Tip 영양소에 대한 지식을 생활에 적용하는 문제입니다. 새우튀김의 경우 단백질과 지방을 모두 포함하고 있습니다. 실제 우리가 먹는 음식은 여러 영양소가 함께 들어 있는 경우가 많다는 것을 알려 주세요. 좀 더 확장된 활동으로 오늘 점심으로 먹은 학교 급식이나 우리 집의 오늘 저녁 메뉴를 보고, 어떤 영양소가 들어있는지 부족한 영양소는 없는지 아이와 함께 알아보세요. 균형 잡힌 식습관을 기르는 데 도움이 됩니다.

    쌀밥   두부   된장찌개   새우튀김
    김치   소고기   달걀조림

답&설명

1. **본책 29쪽** / **교과서 120~123쪽**
   얼음, 수증기
   → 초등과학 4-1 / 4. 모습을 바꾸는 물

2. **본책 37~38쪽** / **교과서 84쪽**
   균일 혼합물 • ················· • 소금물, 설탕물
   불균일 혼합물 • ··············· • 건더기가 있는 주스, 콘크리트
   → 초등과학 3-2 / 3. 혼합물의 분리

3. **본책 44~45쪽** / **교과서 67쪽**
   ○
   → 초등과학 5-2 / 2. 용해와 용액

4. **본책 55쪽** / **교과서 132~133쪽**
   ①
   → 초등과학 4-1 / 4. 모습을 바꾸는 물

5. **본책 75쪽** / **교과서 33쪽**
   고구마, 밥, 옥수수
   → 초등과학 5-2 / 1. 우리의 몸]

6. **본책 31쪽** / **교과서 136~137쪽**
   X
   → 초등과학 4-1 / 4. 모습을 바꾸는 물]

7. **본책 39~40쪽** / **교과서 94~95쪽**
   ②
   → 초등과학 3-2 / 3. 혼합물의 분리]

8. **본책 45쪽** / **교과서 67쪽**
   용질 (본책 45쪽의 그림을 참고하세요.)
   초등과학 5-2 / 2. 용해와 용액]

9. **본책 59~61쪽** / **교과서 132~133쪽**
   비가 그친 뒤에 공기가 시원해진다. ○
   자일리톨 껌을 씹으면 입 안이 시원하게 느껴진다. ○
   → 초등과학 4-1 / 4. 모습을 바꾸는 물

10. **본책 75쪽** / **교과서 33쪽**
    ○: 쌀밥, △: 두부된장찌개, 새우튀김, 소고기달걀조림,
    □: 새우튀김
    → 초등과학 5-2 / 1. 우리의 몸

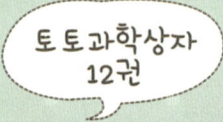

멸종동물 얘기 좀 들어볼래?

지구에서는 크게 5번의 대멸종이 있었습니다. 그 원인은 자연 재해에 의한 것이었지요. 하지만 지금 다가오고 있는 6번째 대멸종은 사람에 의해 일어나는 것입니다. 동물들이 사라지면 어떤 위험이 닥치는지 멸종 위기에 놓인 동물들의 이야기를 들어 봅니다.

지도 가이드 역사상 생물의 진화 과정과 멸종 동물이 사라진 이유, 사람이 동물의 멸종에 끼친 영향을 생각할 수 있는 문제들로 퀴즈를 구성하였습니다. 사람들의 잘못된 행동 때문에 6번째 대멸종이 다가오고 있다는 사실에 경각심을 느끼게 해 주세요.

[1~2] 다음 글을 읽고 질문에 대답해 보세요.

1. 각각 어떤 종류의 생물인지 써 보세요.

　　　㉠ 난 등뼈가 있고 물속에 살아.　　　(　　　　)
　　　㉡ 어미가 젖으로 새끼를 먹여 길러.　　(　　　　)
　　　㉢ 단단한 비늘을 갖고 육지에 알을 낳아.　(　　　　)
　　　㉣ 육지와 물을 오가면서 생활해.　　　(　　　　)

2. 위의 1번의 동물들이 나타난 순서에 맞게 번호를 매겨 보세요.

　　　(　㉠　　㉡　　㉢　　㉣　)

3. 다음의 내용을 읽고 빈칸에 적당한 낱말을 넣어 보세요.

> **Tip** 상어는 3억 5000만 년 전 모습 그대로, 악어는 2억 년 전의 모습 그대로 남아 있습니다. 거북이나 바퀴벌레도 처음 나타났을 때의 모습 그대로 거의 변하지 않은 생물 중 하나입니다.

지구가 아무리 변덕을 부려도 기죽지 않고, 3억 년 이상이 지나도 그 모습 그대로 남아 있는 생물이 있는데, 이를 '살아있는 ☐☐'이라고 해요.

4. 3번의 답을 대표하는 동물을 찾아보세요.

> **Tip** 그림을 보고 어떤 동물인지 맞혀 보는 활동도 아이의 인지 능력에 도움이 됩니다.

① 악어   ② 고릴라   ③ 토끼   ④ 말

5. 대멸종과 그 설명을 맞게 연결해 보세요.

> **Tip** 지구의 환경이 갑작스럽게 바뀌어 이전에 살던 생물들이 적응하지 못하고 한꺼번에 멸종하는 것이 대멸종입니다. 지구 역사상 다양한 이유로 많은 생물들이 나타나고 사라져 갔다는 것을 알려 주세요.

첫 번째(4억 5000만 년 전)	•	• 지구에 갑자기 추위가 찾아왔어요.
두 번째(3억 5000만 년 전)	•	• 대륙들이 움직여서 하나의 거대한 대륙이 되었어요.
세 번째(2억 50000만 년 전)	•	• 운석이 캐나다 퀘벡 주에 떨어졌어요.
네 번째(2억 년 전)	•	• 거대한 운석 충돌로 공룡들이 멸종했어요.
다섯 번째(약 6500만 년 전)	•	• 운석이 떨어지면서 강에 살던 물고기가 사라졌어요.

6. 여섯 번째 대멸종의 원인이 아닌 것을 찾아보세요.

> Tip 사람들의 욕심 때문에 힘이 없는 동식물들이 사라질 위기에 처해 있다는 것을 알려 주세요.

① 환경 운동가들이 숲을 지켜서
② 위험하다 싶은 동물들을 없애려고 해서
③ 예쁜 깃털이나 가죽을 갖고 싶어 동물을 사냥해서
④ 인구가 늘어나자 더 많은 집과 먹을거리가 필요해져서

7. 우리가 멸종해 가는 동물들을 위해 할 수 있는 일이 아닌 것을 찾아보세요.

> Tip 야생 동물들이 사람이 주는 과자나 음식에 맛을 들이게 되면 스스로 먹이를 구하려 하지 않게 됩니다. 또한 동물원에 있는 동물들은 사람들이 함부로 던져 준 비닐봉지나 플라스틱 장난감 등을 먹다가 탈이 나는 경우가 많다고 합니다.

① 산에서 다람쥐를 만나면 먹이를 줘요.
② 산에서 "야호~"하고 소리치지 않아요.
③ 기름 한 방울도 함부로 버리지 않아요.
④ 에어컨과 보일러 사용을 줄여요.

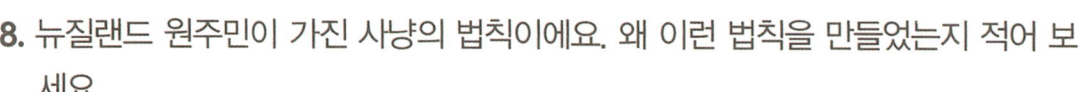

8. 뉴질랜드 원주민이 가진 사냥의 법칙이에요. 왜 이런 법칙을 만들었는지 적어 보세요.

> Tip 한 생물이 살아가려면 새끼를 낳고 키울 시간이 필요해요. 그래야 다음 세대가 이어질 수 있으니까요. 그것을 생각하지 않고 동물을 마구 사냥하면 결국 멸종하게 된다는 것을 알려 주세요.

> 지금 사냥을 했다면 일주일 동안은 사냥을 하지 않는다. 일주일이 지난 뒤에도 멀리 떨어져 있는 곳에 가서 사냥을 한다.

9. 북극곰을 힘들게 하는 지구 온난화의 이유가 무엇인지 적어 보세요.

> **Tip** 지구 온난화는 산업 혁명 이후 계속되고 있는 인류의 고민거리입니다. 석유와 석탄 등 화석 연료를 줄이려는 노력이 전 세계적으로 벌어지고 있다는 것을 알려 주세요.

10. 개구리가 없어지면 어떤 일이 생기는지 빈칸을 채워 보세요.

> **Tip** 생태계에서 필요 없는 생물은 하나도 없다는 것을 알려 주세요. 하나라도 없어지면 전체 생태계가 엉망이 된다는 것을 깨닫게 지도하세요.

- 개구리를 먹는 (　　　　　)는 먹이가 없어서 굶주렸어요.

- 개구리의 먹이가 되는 (　　　　　)들의 수가 너무 많아져서 먹이 경쟁이 치열해졌어요.

답&설명

1. [본책 17쪽] [교과서 58~65쪽] ㉠ 어류, ㉡ 포유류, ㉢ 파충류, ㉣ 양서류
   → 초등과학 3-2 / 2. 동물의 세계

2. [본책 14~17쪽] ㉠ - 1, ㉡ - 4, ㉢ - 3, ㉣ - 2

3. [본책 19쪽] [교과서 68~69쪽] 살아 있는 화석
   → 초등과학 4-2 / 2. 지층과 화석

4. [본책 19쪽] [교과서 68~69쪽] ①
   → 초등과학 4-2 / 2. 지층과 화석

5. [본책 26~27쪽] [교과서 35쪽]

   첫 번째(4억 5000만 년 전) ·······• 지구에 갑자기 추위가 찾아왔어요.
   두 번째(3억 5000만 년 전) ·······• 대륙들이 움직여서 하나의 거대한 대륙이 되었어요.
   세 번째(2억 5000만 년 전) ·······• 운석이 캐나다 퀘벡 주에 떨어졌어요.
   네 번째(2억 년 전) ·······• 거대한 운석 충돌로 공룡들이 멸종했어요.
   다섯 번째(약 6500만 년 전) ·······• 운석이 떨어지면서 강에 살던 물고기가 사라졌어요.

   → 초등과학 5-1 / 1. 지구와 달

6. [본책 30~31쪽] [교과서 35쪽] ①
   → 초등과학 5-1 / 1. 지구와 달

7. [본책 133쪽] [교과서 76~77쪽] [교과서 146쪽] ① → 초등과학 3-2 / 2. 동물의 세계, 초등과학 6-1 / 4. 생태계와 환경

8. [본책 77쪽] [교과서 76~77쪽] [교과서 142~143쪽] 자연에게 새 생명을 만들 시간을 주자는 뜻이에요.
   → 초등과학 3-2 / 2. 동물의 세계, 초등과학 6-1 / 4. 생태계와 환경

9. [본책 81쪽] [교과서 76~77쪽] [교과서 84~85쪽] 온실가스 → 초등과학 3-2 / 2. 동물의 세계, 초등과학 6-2 2. 여러 가지 기체

10. [본책 112~113쪽] [교과서 132쪽] 뱀과 새, 곤충
    교과서 → 초등과학 6-1 / 4. 생태계와 환경

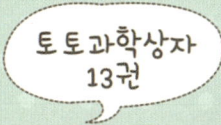
토토과학상자 13권

세상을 움직이는 힘
에너지

에너지는 문명을 움직이는 동력원입니다. 에너지가 없으면 자동차도 멈추고, 컴퓨터도 못 쓰며, 텔레비전도 볼 수 없지요. 그러나 대부분의 에너지는 공해를 만들어 냅니다. 자연에서 얻은 에너지를 소중히 쓰고 다시 돌려주는 방법은 없을까요?

 에너지가 무엇이고 우리에게 얼마나 소중한 것인지, 미래의 에너지에는 어떤 것들이 있는지 본문의 내용을 하나하나 깨닫게 해 주는 문제들입니다. 아이들이 일상생활을 통해 에너지의 개념을 깨달을 수 있도록 설명해 주세요.

1. 어떤 물체가 가지고 있는 '일을 할 수 있는 능력'을 무엇이라고 할까요?

> Tip 에너지란 물리적인 일을 할 수 있는 능력을 말합니다. 에너지의 크기는 물체가 할 수 있는 일의 양을 의미합니다. 단위는 일의 단위와 같은 줄(J)을 사용합니다.

2. 인간이 에너지를 이용해 온 순서입니다. 괄호 안에 들어갈 에너지의 이름은 무엇인지 보기에서 찾아 써 보세요.

> **Tip** 화학 에너지 : 화학 결합에 의하여 물질 내에 보존되어 있는 에너지를 말하며, 물질의 화학 변화로 이 에너지는 변화하여 방출, 또는 흡수됩니다.
> 열에너지 : 열의 형태를 취한 에너지로 물체의 온도를 변화시키거나 상태 변화를 일으키는 에너지입니다.
> 운동 에너지 : 운동하고 있는 물체 또는 입자가 갖는 에너지입니다.

[보기]

운동 에너지, 열에너지, 화학 에너지

- 음식을 먹고 몸속에서 (　　　　　)를 만들어 이용했어요.

- 불을 발견해서 빛과 (　　　　　)를 이용했어요.

- 물과 바람의 (　　　　　)를 이용했어요.

3. '화석 연료'라고 부르기도 하며, 현재 전 세계에서 사용하는 에너지의 약 80%를 차지하는 이 에너지원은 어떤 것들일까요?

> **Tip** 천연 가스 : 유전, 탄광 지역의 땅에서 분출되는 자연적인 가스. 곧 메탄가스, 에탄 가스 등을 말합니다. 따라서 자연가스라고도 합니다. 온천가스와 화산 가스, 늪가스도 여기에 속합니다.

(　　　　) (　　　　) (　　　　)

4. 다음 물건들은 이 에너지가 있어야만 사용할 수 있는 것들입니다. 이 에너지는 무엇인가요?

컴퓨터, 텔레비전, 냉장고, 스탠드, 다리미, 전화기, 에어컨, 형광등 에너지

5. 여러 종류의 에너지를 전기 에너지로 바꾸어 주는 곳을 발전소라고 합니다. 여러분이 알고 있는 발전소의 종류를 아는 대로 써 보세요.

(..........) 발전소   (..........) 발전소   (..........) 발전소

(..........) 발전소   (..........) 발전소   (..........) 발전소

6. 이산화탄소는 인간이나 생물에게 직접 해를 끼치지는 않습니다. 하지만 지구의 열이 우주로 나가지 못하게 붙잡아 두는 역할을 합니다. 이 현상은 무엇인가요?

> **Tip** 태양의 열은 지구에 들어와 열과 빛을 전달한 뒤 다시 밖으로 나갑니다. 하지만 온실가스가 증가하여 지구를 둘러싸게 되었습니다. 이로 인하여 지구에 들어온 태양의 열이 밖으로 나가지 못하게 되는 것입니다. 온실가스는 지구의 대기 속에 존재하는 온실 효과의 주범입니다. 대표적인 것으로는 수증기, 이산화탄소, 메탄 등이 있습니다. 온실가스는 온실 효과를 일으켜 이산화탄소를 발생시키기 때문에 지구 온난화에 큰 영향을 끼치게 됩니다.

7. 여러분이 생각하는 에너지란 무엇인지 적어 보고, 그렇게 생각하는 이유도 써 보세요.

에너지란

8. 어떤 물체가 높은 곳에 있을수록 떨어질 때 더 위험합니다. 그 이유는 무엇인지 맞는 것에 동그라미 하세요.

높은 곳일수록 위치 에너지가 (작고, 크고), 위치 에너지가 (클, 작을) 수록 더 많은 에너지가 운동 에너지로 변하기 때문에 (속도, 압력)이(가) 빨라져서 땅에 부딪힐 때 충격이 크기 때문이에요.

9. 용수철이나 태엽이 가지고 있는 에너지를 '탄성 에너지'라고 합니다. 용수철이나 태엽을 이용한 물건에는 어떤 것들이 있을까요?

> Tip 우리가 사용하는 물건이나 제품 중에서 용수철과 태엽을 이용한 것들을 생각해 보세요.

(....................)   (....................)   (....................)

10. 전기 에너지를 어떻게 절약할 수 있을지 여러분의 생각을 적어 보세요.

[예시] 선풍기는 가능하면 전력 소비가 적은 미풍으로 사용하세요.

답 & 설명

1. 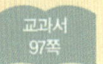 에너지
   → 초등과학 6-2 / 3. 에너지와 도구

2.  화학 에너지, 열에너지, 운동 에너지
   → 초등과학 6-2 / 3. 에너지와 도구

3.  석탄, 석유, 천연 가스
   → 초등과학 6-2 / 3. 에너지와 도구

4. 전기 에너지
   → 초등과학 6-2 / 3. 에너지와 도구

5.  수력 발전소, 화력 발전소, 원자력 발전소, 조력 발전소, 풍력 발전소, 지열 발전소
   → 초등과학 6-1 / 3. 계절의 변화

6. 온실 효과
   → 초등과학 6-2 / 3. 에너지와 도구

7. 에너지란 무엇이며, 에너지를 절약하는 방법과 미래에 사용할 에너지에는 어떤 것들이 있을지 아이와 함께 이야기를 나누어 보세요. → 초등과학 6-2 / 3. 에너지와 도구

8. 크고, 클, 속도
   → 초등과학 6-2 / 3. 에너지와 도구

9. 예시) 용수철저울, 볼펜 버튼, 샤프 버튼, 스카이콩콩, 도어 핸들, 초인종 버튼, 쿠션 의자, 침대 매트리스, 쥐덫, 스테이플러, 펀치, 완력기, 자동차의 충격 흡수 장치
   초등과학 4-1 / 1. 무게 재기, 초등과학 6-2 / 3. 에너지와 도구

10. ●가전제품의 사용 방법을 바로 알고 쓰세요. ●쓰지 않는 가전제품은 반드시 플러그를 빼놓아 쓸 데 없는 전력 손실을 방지하세요. ●냉장고를 구입할 때는 가족 수에 맞는 크기를 선택하고, 에너지 소비 효율 등급과 월간 소비 전력량을 확인하세요.
    → 초등과학 6-2 / 3. 에너지와 도구

> 토토과학상자 14권

이렇게나 똑똑한 식물이라니!

식물은 한 곳에 붙박여 자라면서도 그 환경에 놀라우리만치 잘 적응하여 번식해 갑니다. 식물처럼 지혜로운 생물이 또 있을까요? 식물의 기본 생김새와 구조, 생존 전략에 이르기까지 생태계의 큰 축을 차지하는 식물의 중요성에 대하여 배웁니다.

 한 자리에서 움직이지 않는 연약한 모습 뒤에 생명을 유지하고 번식하려는 보이지 않는 노력이 식물들에게 있음을 깨닫게 해 줍니다. 기발하고 똑똑한 식물의 세계를 통하여 주변의 식물에도 관심을 갖도록 지도해 주세요.

퀴 즈

1. 식물이 햇빛을 이용해 필요한 영양분을 만드는 것을 무엇이라고 하나요?

> Tip 식물은 광합성을 통해서 영양분을 만듭니다. 이 작용을 통해 사람이나 동물들은 어떤 이익을 얻는지 생각해 볼 수 있게 지도하세요.

2. 식물이 초록색으로 보이는 이유를 다음의 낱말을 넣어서 적어 보세요.

   Tip 엽록소의 역할에 대해서도 함께 찾아보도록 하세요.

   엽록소   엽록체

   ....
   ....
   ....
   ....

3. 식물의 몸은 어떤 부분으로 이루어져 있는지 쓰고 알맞은 설명과 연결해 보세요.

   (..............) •   • 광합성 작용이 일어나는 곳이에요.

   (..............) •   • 잎과 꽃을 받쳐 주는 물과 양분의 통로예요.

   (..............) •   • 땅 속의 물과 양분을 빨아 들여요.

[4~5]. 다음 설명이 맞으면 O표, 그렇지 않으면 X표 하세요.

4. 식물의 숨구멍을 기공이라고 해요. (   )

   Tip 기공은 공기가 드나드는 통로일 뿐만 아니라 물이 증발하는 통로이기도 합니다.

5. 뿌리에서 빨아 올린 물을 수증기로 바꾸어 기공을 통해 공기 중으로 내보내는 것을 증산 작용이라고 해요. (   )

   Tip 증산 작용을 통해서 식물이 숨을 쉰다는 것을 알 수 있어요.

6. 다음 실험은 무엇을 알 수 있는 실험인가요?

> **Tip** 식물은 잎의 뒷면에 있는 기공으로 숨을 쉬어요.

비닐봉지를 화분에 씌워 덮은 뒤 시간이 지나면 비닐봉지 안쪽에 물방울이 맺히는 것을 볼 수 있어요.

① 증산 작용   ② 광합성 작용   ③ 잎의 성장   ④ 줄기의 역할

7. 식물이 씨앗을 퍼뜨리는 방법과 식물의 이름이 잘못 연결된 것은 어떤 것인가요?

> **Tip** '도둑놈의 갈고리'라는 재미있는 이름을 가진 식물은 사람이나 동물의 몸에 붙어서 씨앗이나 열매를 퍼뜨려요.

① 바람을 이용 ····· 민들레, 단풍나무
② 바다를 이용 ····· 야자나무
③ 열매가 터지는 힘을 이용 ····· 봉숭아, 괭이밥
④ 사람이나 동물의 몸을 이용 ····· 찔레

8. 사람들이 먹는 식물들을 먹는 부분에 따라 구분해서 써 보세요.

무, 당근, 시금치, 오이, 가지, 참깨, 해바라기, 올리브

뿌리를 먹어요. ....
열매를 먹어요. ....
잎을 먹어요. ....
씨앗을 먹어요. ....

9. 다음 식물에 관한 내용이 맞으면 ○표, 그렇지 않으면 ×표 하세요.

꽃은 꽃잎과 꽃받침, 암술과 수술로 이루어져 있어요. (   )

10. 다음 동물과 식물들을 공생·기생 관계에 있는 것들끼리 짝지어 보세

> Tip 공생 관계와 기생 관계의 의미를 먼저 알아보세요.

> 개미, 겨우살이, 뿌리혹박테리아, 참나무, 아카시아, 콩

공생 관계 ....

기생 관계 ....

답&설명

1. **본책 14쪽** | **교과서 110~111쪽**
   광합성
   → 초등과학 5-1 / 3. 식물의 구조와 기능

2. **본책 15쪽** | **교과서 110~111쪽**
   예시) 식물 잎을 이루고 있는 세포 안 엽록체에 초록색 색소인 엽록소가 들어 있기 때문이에요.
   → 초등과학 5-1 / 3. 식물의 구조와 기능

3. **본책 17쪽** | **교과서 67쪽**
   줄기 ― 광합성 작용이 일어나는 곳이에요.
   잎 ― 잎과 꽃을 받쳐 주는 물과 양분의 통로예요.
   뿌리 ― 땅 속의 물과 양분을 빨아 들여요.
   → 초등과학 5-1 / 3. 식물의 구조와 기능

[4~5]

4. **본책 19쪽** | **교과서 108~109쪽**
   ○
   → 초등과학 5-1 / 3. 식물의 구조와 기능

5. **본책 19~20쪽** | **교과서 112~113쪽**
   ○
   → 초등과학 5-1 / 3. 식물의 구조와 기능

6. **본책 19~20쪽** | **교과서 112~113쪽**
   ①
   → 초등과학 5-1 / 3. 식물의 구조와 기능

7. **본책 48쪽** | **교과서 120~121쪽**
   ④
   → 초등과학 5-1 / 3. 식물의 구조와 기능

8. **본책 109~110쪽** | **교과서 98~101쪽**
   뿌리를 먹어요. (무, 당근) 열매를 먹어요. (오이, 가지)
   잎을 먹어요. (시금치) 씨앗을 먹어요. (참깨, 해바라기, 올리브)
   → 초등과학 5-1 / 3. 식물의 구조와 기능

9. **본책 35쪽** | **교과서 116~117쪽**
   ○
   → 초등과학 5-1 / 3. 식물의 구조와 기능

10. **본책 35쪽, 66~72쪽** | **교과서 133쪽**
    공생 관계 - 개미와 아카시아, 뿌리혹박테리아와 콩,
    기생 관계 - 겨우살이와 참나무
    → 초등과학 6-1 / 4. 생태계와 환경

토토과학상자 15권

곤충 없이는 못 살아

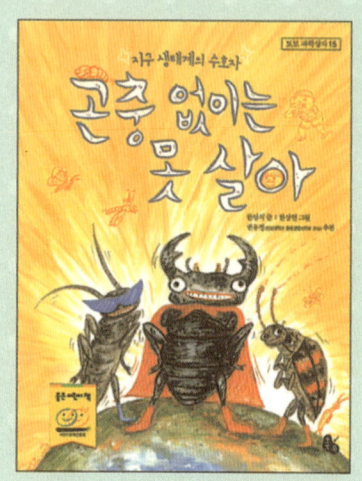

벌레와 곤충의 차이는 무엇일까요? 하루살이는 정말 하루만 살까요? 폭탄을 터뜨리는 곤충이 있다고요? 보잘 것 없어 보이는 곤충이 실은 지구 생태계를 지키는 수호자랍니다. 지구에서 가장 많이 사는 생물인 곤충 친구들을 만나 봅니다.

 곤충의 생태, 곤충 채집, 우리나라의 곤충학자 이야기까지 곤충에 관해 아이들이 궁금해 할 만한 내용을 담고 있는 책입니다. 아이가 곤충에 대한 관심을 생물에 대한 관심으로 확대할 수 있도록 지도해 주세요.

퀴 즈

1. 곤충의 특징이 아닌 것은 무엇인가요?

> Tip 곤충의 입은 먹이에 따라 모양이 다릅니다.

① 입의 모양은 빨대 같아요.
② 몸이 머리, 가슴, 배로 나누어져 있어요.
③ 보통 3쌍의 다리와 2쌍의 날개가 붙어 있어요.
④ 머리에 두 개의 더듬이와 두 개의 겹눈이 있어요.

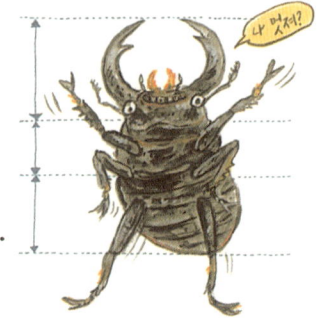

2. 곤충에 대한 설명이에요. 맞으면 O표에, 틀리면 X표에 동그라미 하세요.

> Tip 헤라클레스왕장수풍뎅이는 몸길이와 몸무게를 통틀어 지금까지 알려진 세계에서 가장 큰 곤충입니다. 몸길이가 19cm나 된다고 합니다.

- 흰개미는 가장 알을 많이 낳는 곤충이에요.   O   X
- 가장 작은 곤충은 헤라클레스왕장수풍뎅이에요.   O   X

3. 곤충들의 사육 상자를 만들려고 합니다. 어떤 것들을 준비해 주는 것이 좋은지 연결해 보세요.

흙	장수말벌, 사슴벌레, 장수풍뎅이
나무	딱정벌레, 개미, 매미 애벌레
농작물	콩바구미, 팥바구미
물	물방개, 소금쟁이, 송장헤엄치개

4. 다음 빈 칸을 채워 보세요.

곤충을 잡아먹는 동물이 있지요? 이처럼 잡아먹히는 동물이 자기를 잡아먹는 동물을 가리켜 (　　　　　) 이라고 부릅니다.

5. 아래의 그림 중 빈칸에 해당하는 곤충의 이름을 써 보세요.

곤충들이 짝 짓기할 때

- 소리를 낸다. (　　　　)
- 빛을 낸다. (　　　　)
- 페로몬을 뿜는다. (　　　　)

6. 곤충의 배에는 먹이를 소화시키는 (　　　　) 기관과 새끼를 만드는 (　　　　) 기관이 있어요.

7. 아래의 친구 이야기에서 틀린 내용이 있는 문장을 고르고, 틀린 부분을 찾아 고쳐 보세요.

나비와 나방은 비슷해 보이지만 다른 점이 많아.
① 나비는 주로 낮에 활동하고 나방은 대부분 밤에 활동해.
② 나비의 더듬이는 곤봉 모양인데 나방의 더듬이는 모양이 다양해.
③ 나비는 날개를 수평으로 펴고 앉지만 나방은 수직으로 접고 앉지.

8. 곤충에 대한 설명이에요. 맞으면 O표, 틀리면 X표에 동그라미 하세요.

- 곤충의 내장 안에는 박테리아가 있어서 소화를 도와 줘요.   O   X

- 하루살이는 하루밖에 못 살아요.   O   X

9. 물방개와 물땡땡이는 비슷하게 생겨서 구분하기 어려워요. 어떤 방법으로 알아볼 수 있을까요?

> Tip 물에 넣으면 물방개는 평영을, 물땡땡이는 자유형을 합니다.

(....)

10. 장수풍뎅이를 기르려고 해요. 사육함에 꼭 넣어야 할 것들을 그려 넣고, 그것이 왜 필요한지 간단히 적어 보세요.

> Tip 장수풍뎅이의 습성을 알아야 키울 수 있겠지요? 애벌레일 때의 먹이와 어른벌레일 때의 먹이가 다르다는 것, 먹이 외에 놀이용 나무도 필요하다는 것을 알려 주세요. 곤충은 습기에 민감해서 분무기로 자주 물을 뿌려 주는 것도 중요합니다.

답&설명

1. 본책 18쪽 / 교과서 116~119쪽
   ①
   ➜ 초등과학 3-1 / 3. 동물의 한 살이

2. 본책 50쪽 / 교과서 118~119쪽
   O, X
   ➜ 초등과학 3-1 / 3. 동물의 한 살이

3. 본책 40~42쪽 / 교과서 110~111쪽 / 교과서 145쪽, 147쪽

   흙 — 딱정벌레, 개미, 매미 애벌레
   나무 — 장수말벌, 사슴벌레, 장수풍뎅이
   농작물 — 콩바구미, 팥바구미
   물 — 물방개, 소금쟁이, 송장헤엄치개
   ➜ 초등과학 3-1 / 3. 동물의 한 살이, 초등과학5-1 / 4. 작은 생물의 세계

4. 본책 60~61쪽 / 교과서 112쪽, 115쪽
   천적
   ➜ 초등과학 3-1 / 3. 동물의 한 살이

5. 본책 33~35쪽 / 교과서 101쪽
   소리를 낸다. (매미, 귀뚜라미) 빛을 낸다. (반딧불이)
   페로몬을 뿜는다. (송장벌레)
   초등과학 3-1 / 3.동물의 한살이

6. 본책 21쪽 / 교과서 116쪽
   소화, 생식
   ➜ 초등과학 3-1 / 3. 동물의 한 살이

7. 본책 75쪽 / 교과서 70~73쪽
   ③ 나비는 날개를 수직으로 접고 앉지만, 나방은 수평으로 펴고 앉지.
   ➜ 초등과학 3-2 / 2. 동물의 세계

8. 본책 82, 87쪽 / 교과서 150~151쪽
   O, X
   ➜ 초등과학 5-1 / 4.작은 생물의 세계

9. 본책 97쪽 / 교과서 101쪽 / 교과서 70~73쪽
   물에 넣어서 헤엄치는 모습을 관찰해요.
   ➜ 초등과학 3-1 / 3. 동물의 한살이, 초등과학 3-2 2.동물의 세계

10. 본책 126~128쪽 / 교과서 110~111쪽
    부엽토-애벌레의 먹이, 과일이나 젤리-어른벌레의 먹이, 나무껍질-뒤집어졌을 때 잡고 일어나는 버팀대, 놀이용 나무-갖고 노는 장난감
    ➜ 초등과학 3-1 / 3. 동물의 한 살이

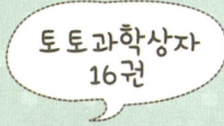

빨강 도깨비야, 세포가 궁금해

맨눈으로는 보이지 않는 작은 세균과 집채만큼 큰 코끼리는 어떤 점이 같을까요? 바로 하나의 세포에서 시작되었다는 것입니다. 세포는 미래 학문인 생명과학 연구의 기초가 됩니다. 복잡해 보이지만 질서 정연한 세포 속 세상을 빨강 도깨비와 함께 알아 갑니다.

 세포의 이름과 역할에 대해 알아보며 과학 용어에 익숙해지도록 돕는 문제와 세포가 우리 생활과 어떤 관계가 있는지 알아볼 수 있는 문제들로 구성하였습니다. 세포가 생명의 기본 단위라는 것을 이해할 수 있도록 지도해 주세요.

퀴 즈

1. 다음 글이 말하는 '나'는 무엇인가요?.

> **Tip** 세포는 생물의 기본 단위로 맨눈으로 볼 수 없을 정도로 작습니다.
> 약 300년 전에 영국의 과학자 로버트 훅이 현미경으로 코르크 마개를 관찰하다가 발견했습니다.

나는 생명의 기본 단위에요. 코끼리 안에 있는 나나, 생쥐 안에 있는 나나 그 크기는 비슷해요.

2. 다음 중 세포벽을 가지고 있는 것에 ○표 하세요.

> Tip 동물 세포와 식물 세포의 가장 큰 차이점은 세포벽의 유무입니다. 세포는 얇은 막으로 덮여 있는데, 이 세포막을 둘러싼 튼튼한 벽이 세포벽입니다.

동물세포 (.............)

식물세포 (.............)

3. 식물이 빛을 받아서 에너지를 만드는 곳은 어떤 것인가요?

> Tip 엽록체는 햇빛과 물을 반응시켜서 탄수화물을 만들어내는 세포 소기관입니다. 식물이 에너지를 저장하는 창고는 액포이고, 동물은 지방 세포에 저장합니다.

① 세포   ② 액포   ③ 엽록체   ④ 지방 세포

4. 다음은 광합성 과정을 나타낸 내용입니다. 빈칸에 알맞은 말을 적어 보세요.

빛 + (.............) + 이산화탄소 ➜ 영양분

5. ( ) 안에 알맞은 말을 적어 보세요.

> Tip 엄마 몸에서 나온 알 같은 세포를 난자, 아빠에게서 나온 올챙이 같은 세포를 정자라고 합니다. 그 두 개가 만나는 것을 수정이라고 하고, 만나서 새롭게 생기는 세포가 수정란입니다.

수정란은 (...............) 와 (...............) 가 만나서 만들어진 세포예요.

6. 다음 중 '세포'에 대한 설명으로 알맞지 않은 것은 무엇인가요?

> Tip 세포도 사람처럼 늙으면 기능이 망가지고 힘이 없어집니다. 그래서 오래된 세포는 스스로 부서지고 녹아 없어집니다.

① 세포는 영원히 살아요.
② 세포의 기능도 망가져요.
③ 세포는 스스로 분열을 해요.
④ 우리 몸은 모두 세포로 되어 있어요.

7. 서로 관계있는 설명의 기호를 ○안에 적어 주세요

> Tip 적혈구는 영양분을 에너지로 만드는 데 필요한 산소를 운반하는 세포입니다. 피가 빨간 것은 적혈구 때문입니다. 백혈구는 몸에 세균이 들어오면 세균과 싸워서 병에 걸리지 않게 해 줍니다.

㉠ 산소를 운반하는 세포
㉡ 병에 걸리지 않게 몸을 지켜 주는 세포

백혈구 ○   적혈구 ○

8. 아빠와 내가 몸집의 크기가 다른 까닭은 무엇인가요?

> Tip 모든 생물의 세포 크기는 비슷합니다. 하지만 세포의 수에 따라 겉모습의 크기가 달라집니다.

세포의 (................) 때문이에요.

9. 우리는 아래의 설명처럼 서로 다른 모습을 가지고 태어나요. 이러한 유전 정보를 보관하는 기본적인 물질은 무엇인가요?

> Tip DNA는 의미 있는 유전 정보가 담긴 유전자 창고입니다. DNA 중에서도 몸을 만드는 설계도가 있는 부분만을 유전자라고 부릅니다. 유전자를 담은 DNA가 부모님의 유전자를 우리에게 전달해 줍니다.

나는 쌍꺼풀이 있고, 곧은 머리카락을 가지고 있어. 그런데 내 친구 영주는 쌍꺼풀이 없고, 곱슬머리를 가졌어.

10. 다음 중 '수정란'에 대해서 잘못 말한 친구는 누구인가요?

> Tip 수정란의 분할은 2세포기, 4세포기, 8세포기 등을 거치며 세포 수가 늘어납니다.

- 현아 : 포배기는 작은 방같이 속이 빈 수정란이야.
- 수민 : 수정란은 정자와 난자가 만나서 만들어진 세포야.
- 경진 : 1세포기, 2세포기, 3세포기 등을 거치며 세포 수가 늘어나.

답&설명

1. 본책 22쪽 / 교과서 단원 전체
   세포
   → 초등과학 5-2 / 1. 우리의 몸

2. 본책 39쪽 / 교과서 단원 전체
   식물 세포
   → 초등과학 5-1 / 3. 식물의 구조와 기능, 초등과학 5-2 / 1. 우리의 몸

3. 본책 41쪽 / 교과서 111쪽
   ③
   → 초등과학 5-1 / 3. 식물의 구조와 기능

4. 본책 41쪽 / 교과서 111쪽
   물
   → 초등과학 5-1 / 3. 식물의 구조와 기능

5. 본책 76쪽 / 교과서 117쪽
   난자, 정자
   → 초등과학 5-1 / 3. 식물의 구조와 기능

6. 본책 69쪽 / 교과서 단원 전체
   ①
   → 초등과학 5-1 / 3. 식물의 구조와 기능, 초등과학 5-2 / 1. 우리의 몸

7. 본책 91쪽 / 교과서 단원 전체
   ㉡, ㉠
   → 초등과학 5-2 / 1. 우리의 몸

8. 본책 32쪽 / 교과서 단원 전체
   수가 다르기
   → 초등과학 5-2 / 1. 우리의 몸

9. 본책 65쪽 / 교과서 92~93쪽
   DNA
   → 초등과학 4-1 / 3. 식물의 한살이

10. 본책 76쪽 / 교과서 117쪽
    경진
    → 초등과학 5-1 / 3. 식물의 구조와 기능

> 토토과학상자 17권

우리 집 구석구석 숨은 과학을 찾아라

우리가 집에서 가족과 오순도순 지낼 수 있는 것은 마루 밑이나 벽 뒤에 숨어 있는 과학 덕분입니다. 물, 도시가스, 전기, 전화, 이메일이 어떤 과정을 거쳐 우리 집에 들어오는지 알고 나면, 주위를 둘러보는 우리의 눈이 달라지겠죠?

 **지도 가이드** 생활과 관계된 물건들의 과학 원리와 과정을 이해하고, 그 지식을 응용하고 확장하는 문제를 풀어 볼 수 있도록 독서 퀴즈를 구성했습니다. 우리가 누리고 있는 편리한 생활은 모두 과학의 발전이 뒷받침한 결과라는 것을 알려 주세요.

퀴 즈

1. 정수장에서는 물을 깨끗하게 만들어 우리에게 공급합니다. 물을 깨끗하게 하는 것을 무엇이라고 하나요?

   > **Tip** 댐에 있던 물은 불순물이나 몸에 좋지 않은 성분이 많아 사람이 직접 마시기에는 적당하지 않습니다. 불순물을 걸러 내고 몸에 좋지 않은 세균 등을 없애는 과정을 정수라고 합니다.

   (.....................)

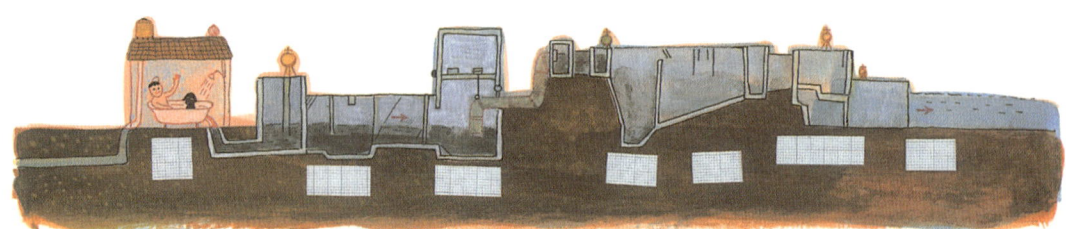

2. 서울시 수돗물을 상징하는 캐릭터 '아리와 수리'입니다. 수돗물에 대한 설명 중 틀린 것을 찾아보세요.

> **Tip** 아파트 등의 고층 건물에서는 옥상 위에 있는 물탱크 속에 수돗물을 모아 두었다가 아파트에 사는 사람들에게 공급합니다.

① 마실 수 있는 깨끗한 물을 상수라고 해요.
② 댐에 고인 물을 정수해서 수돗물을 만들어요.
③ 아파트에 있는 물탱크에는 빗물이 들어 있어요.
④ 수돗물이 수도관으로 나가기 전에 꼭 소독을 해요.

[3~5] 아래는 수돗물과 관련된 용어 설명입니다. 틀린 부분을 찾아 고쳐서 써 보세요.

3. 침사지에서는 물속의 불순물을 제거하기 위해 물을 마구 휘저어요.

➡ ....

4. 혼화지에서 넣는 약품은 불순물을 보이지 않게 하는 역할을 해요.

➡ ....

5. 응집지에서 만들어진 플록은 침전지에서 깨끗하게 걸러져요.

> **Tip** 정수장에서 일어나는 정수 과정을 이해할 수 있도록 설명해 주세요. 여과지에서의 모래와 자갈층을 이용한 여과는 집에서 쓰는 정수기에서도 똑같이 쓰이고 있다는 것을 알려 주세요. 여과에 사용하는 물질은 숯이나 필터 등 다양한 종류가 있습니다.

➡ ....

6. 천연가스에 대한 설명이 아닌 것을 찾아보세요.

> Tip 식물이 땅속에 파묻혀 만들어진 것은 석탄입니다. 석유와 천연가스는 바다에 살던 플랑크톤이나 동물의 시체가 변해서 만들어진 것입니다.

① 도시가스의 원료가 돼요.
② 불에 타는 메탄이 주성분이에요.
③ 유전이나 가스전에서 얻을 수 있어요.
④ 나무 같은 식물이 땅속에 파묻혀 만들어져요.

7. 아래의 배는 무엇을 운반하는 배인지 적어 보세요. 영어의 약자이고, 우리말로는 '액화천연가스'라고 합니다.

> Tip 천연가스를 정제한 뒤 아주 차갑게 하여 액화시킨 것을 액화천연가스(엘엔지)라고 합니다. 엘엔지를 운반하는 엘엔지선은 둥그런 탱크가 있어서 쉽게 알 수 있습니다.

8. 발전소의 종류와 그곳에서 이용하는 에너지를 맞게 연결하세요.

수력 발전소 ●   ● 석탄이나 석유, 가스를 태워서 얻은 증기의 힘

화력 발전소 ●   ● 원자가 분열할 때 생기는 에너지

원자력 발전소 ●   ● 물이 높은 곳에서 떨어지는 힘

9. 아래 보기 중 도체와 부도체를 구분해서 적어 보세요.

> Tip 과학 교과에서 전기와 자기에 대하여 배울 때 기초적으로 배우는 것이 도체와 부도체의 구분입니다.

[보기]

철   돌   나무   유리   구리   플라스틱

도체 (....)

부도체 (....)

10. 집 안에 있는 물건들 중 전기를 사용하는 물건들을 찾아서 그려 보세요.

> Tip 집 안에서 볼 수 있는 문명의 이기들인 가전제품에는 모두 과학 원리가 숨어 있습니다. 책 속에서 배운 것 말고도 다른 원리가 쓰인 가전제품을 찾아서 더 공부할 수 있는 기회를 가져 보는 것도 좋겠습니다.

답&설명

1. 정수
   → 초등과학 6-1 / 4. 생태계와 환경

2. ③
   → 초등과학 6-1 / 4. 생태계와 환경

[3~5]

3. 침사지는 물속의 불순물을 제거하기 위해 물을 가만히 놓아두어요.
4. 혼화지에서 넣는 약품은 불순물을 보이게 하는 역할을 해요.
5. 응집지에서 만들어진 플록은 여과지에서 깨끗하게 걸러져요.
   → 초등과학 6-1 / 4. 생태계와 환경

6. ④
   → 초등과학 6-2 / 2. 여러 가지 기체

7. 엘엔지 (LNG)
   → 초등과학 6-2 / 2. 여러 가지 기체

8.
   수력 발전소 • — • 석탄이나 석유, 가스를 태워서 얻은 증기의 힘
   화력 발전소 • — • 원자가 분열할 때 생기는 에너지
   원자력 발전소 • — • 물이 높은 곳에서 떨어지는 힘
   → 초등과학 6-1 / 3. 계절의 변화

9. 도체 (철, 구리), 부도체 (돌, 나무, 유리, 플라스틱)
   → 초등과학 5-1 / 2. 전기 회로

10. 냉장고, 전자레인지, 텔레비전 등
    → 초등과학 5-1 / 2. 전기 회로

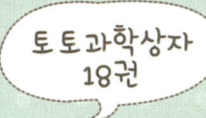

과학자는 세상을 이렇게 바꿨어요

지구의 크기를 처음 잰 사람은 누구일까? 물질은 원자로 이루어져 있다는 사실은 누가 알아냈을까? 과학사에 큰 획을 그은 과학자들의 이야기를 통해 과학이 어떤 과정을 거쳐 발전해 왔는지 되짚어 보며 중요한 과학 개념을 차근차근 배워 갑니다.

지도 가이드 과학이 어떤 과정을 거쳐 발전해 왔는지를 되짚어 보며 과학사의 흐름을 잡아 주는 책입니다. 과학의 기초 개념과 과학자의 기본 자질인 호기심과 탐구심을 키워 주는 활동 중심으로 독서 퀴즈를 구성하였습니다.

1. 다음 설명에 해당하는 낱말을 써 보세요.

    어떤 물체의 길이나 무게 같은 양을 재는 일

2. 다음은 어떤 개념에 대한 설명입니다. 무엇을 말하는 것인지 적어 보세요.

- 지구가 물체를 끌어당기는 힘의 크기로, 단위는 g와 kg로 표시해요.
- 어떤 물체가 공간을 어느 정도나 차지하는지를 나타낸 크기입니다.

3. 계절이 생기는 이유는 무엇인가요? 맞는 것에 동그라미 하세요.

> **Tip** 자전축 : 천체가 회전할 때 그 중심이 되는 축.
> 공전 : 한 천체가 다른 천체의 둘레를 주기적으로 도는 일. 행성이 태양의 둘레를 돌거나 위성이 행성의 둘레를 도는 일을 말합니다.

지구의 축인 (자전축, 평행축)이 기울어진 채로,
태양 둘레를 주기적으로 도는
(자전, 공전) 운동을 하기 때문이다.

4. 별과 성운, 성단 같은 여러 가지 천체로 이루어진 커다란 집단을 무엇이라고 부르나요?

> **Tip** 은하라는 낱말을 넣어 짧은 글을 지어 보세요.
> · 은하가 태양계에 방출하는 빛의 양은 은하의 기울기에 따라 달라진다.
> · 별들이 모여 은하라는 집합체를 이룬다.
> · 두 개의 은하가 쌍을 이루고 서로 궤도 운동을 한다.

(................................)

5. 내가 생각하는 '과학'이란 무엇인지 짧은 글을 지어 보세요.

과학이란

6. 다음 내용을 주장한 과학자가 맞으면 O표, 틀리면 X표 하세요.

> **Tip** 지동설 : 지구는 스스로 돌면서 동시에 태양의 주위를 돈다(즉, 지구가 움직인다)는 주장입니다. 관측기구의 발달로 지동설이 사실이라는 것이 밝혀졌습니다.
> 천동설 : 우주의 중심은 지구이고, 모든 천체는 지구의 둘레를 돈다는 주장입니다. 근대 천문학이 발달하지 않은 16세기까지 널리 받아들여졌으나, 오늘날에는 비과학적인 학설로 보고 있습니다.

- 지구는 태양을 중심으로 돌아요. (지동설)

  갈릴레이, 코페르니쿠스

- 태양이 지구를 중심으로 돌아요. (천동설)

  아리스토텔레스, 프톨레마이오스

7. 과학에서는 다음과 같이 설명합니다. 해당하는 낱말을 써 보세요.

특별히 주의를 기울여 보는 것 ➡

관찰하면서 무게나 길이, 시간 등의 양을 재는 것 ➡

8. 과학자들은 '이런 자연 현상이 저런 이유로 일어났을 것이고, 그 과정은 이렇다.'라고 설명합니다. 이런 설명을 무엇이라고 할까요?

> **Tip** 어떤 사실을 설명하거나 어떤 이론 체계에 대하여 규칙에 따라 추측하여 결론을 이끌어내기 위하여 설정한 가정입니다. 가설로부터 이론적으로 드러난 결과가 관찰이나 실험에 의하여 증명되면 가설의 단계를 벗어나 일정한 범위 안에서 보편타당한 진리가 됩니다.

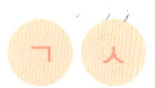

9. 다음 내용의 설명으로 맞는 것은 무엇인가요?

> **Tip** 산소 : 공기의 주된 성분이면서 맛과 빛깔과 냄새가 없는 물질입니다. 사람의 호흡과 동식물의 생활에 없어서는 안 되는 기체입니다. 원자 기호는 O, 원자 번호는 8, 원자량은 16입니다.
> 수소 : 모든 물질 가운데 가장 가벼운 기체 원소입니다. 빛깔과 냄새와 맛이 없고, 불에 타기 쉽습니다. 원자 기호는 H, 원자 번호는 1, 원자량은 1.0079입니다.

ㄱ. 지구 대기의 5분의 1을 차지하는 원소
   동물이나 식물의 호흡에 필요한 원소
ㄴ. 지구상에 존재하는 가장 가벼운 물질
   색깔과 냄새가 없는 기체이며 스스로 잘 타는 성질이 있다.

① ㄱ 산소, ㄴ 수소   ② ㄱ 질소, ㄴ 산소
③ ㄱ 공기, ㄴ 산소   ④ ㄱ 수소, ㄴ 헬륨

10. 과학자들처럼 자신이 연구하고 싶은 것을 생각해 보고, 실험 노트를 작성해 보세요.

> Tip 지구와 우주에 대해 생각해 보세요.

예시) * 우유팩으로 어떻게 질 좋은 재생 종이를 만들 수 있을까?
* 자동차 배기가스는 식물에게 어떤 영향을 줄까?
* 우리 지역에서 공기 오염이 가장 심한 곳은 어디일까?
* 남향으로 자리 잡은 집은 왜 더 살기 좋을까?
* 어떤 세제가 금붕어에게 가장 안전할까?
* 기압의 변화를 눈으로 볼 수 있을까?
* 우리나라는 지진에 안전할까?
* 바다 위의 기름을 어떻게 제거하면 좋을까?
* 음식물 쓰레기를 재활용할 수 있을까?
* 달의 크기는 항상 같을까?
* 매연이 가장 많이 나오는 차는 어떤 차일까?

첫째, 가설을 세운다.
둘째, 실험한다.
셋째, 결과를 관측한다.
넷째, 결론을 내린다.

답&설명

1. **본책 30쪽** / **교과서 12쪽** — 측정
   → 초등과학 3-1 / 과학 활동 해 보기

2. **본책 51쪽** / **교과서 26~27쪽** / **교과서 22쪽** — 무게, 부피
   → 초등과학 4-1 / 1.무게 재기, 초등과학 3-1 / 1. 액체와 기체의 부피

3. **본책 48쪽** / **교과서 108~109쪽** — 자전축, 공전
   → 초등과학 6-1 / 3.계절의 변화

4. **본책 106쪽** / **교과서 136~137쪽** — 은하
   → 초등과학 5-2 / 4.태양계와 별

5. **본책 21쪽** / **교과서 8쪽** — 과학이란 무엇인지 생각하도록 지도하고 우리가 과학을 배워야 하는 궁극적인 이유에 대하여 이야기해 보세요. '과학은 왜 하는 것일까?'라는 질문에 대해 진지하게 생각해 보는 시간을 가지는 것도 좋을 것입니다.
   → 초등과학 5-1 / 탐구, 어떻게 할까요?

6. **본책 35~36, 54쪽** / **교과서 50~51쪽** — O, O
   → 초등과학 5-1 / 1.지구와 달 29쪽

7. **본책 57쪽** / **교과서 10쪽** — 관찰, 관측
   → 초등과학 3-1 / 과학 활동 해 보기

8. **본책 79쪽** / **교과서 17쪽** — 가설
   → 초등과학 5-1 / 탐구, 어떻게 할까요?

9. **본책 81~83쪽** / **교과서 78~79쪽** — ①
   → 초등과학 6-2 / 2.여러 가지 기체

10. **본책 134~135쪽** / **교과서 8~15쪽** — 과학자들은 어떻게 자신이 찾은 새로운 지식이 올바른 것이라고 주장할 수 있는지를 생각해 보세요. 연구 대상에 따라 그 방법이 다 다르답니다.
    → 초등과학 3-2 / 과학자처럼 따라 하기

토토과학상자 19권

아주 특별한 몸속 여행

사람의 창자 길이는 7미터가 넘습니다. 두 개의 콧구멍은 3~4시간마다 교대로 냄새를 맡습니다. 손가락의 지문은 물건을 집을 때 미끄러지지 않게 해줍니다. 우리 몸을 이루고 있는 뼈·근육·관절, 심장과 혈관, 호흡·소화·신경·생식·감각기관을 살펴봅니다..

 가상의 몸속 여행을 하면서 인체의 여러 기관이 하는 일을 알아보는 내용입니다. 일곱으로 나누어진 각 장에서 마땅히 알아야 할 사실들을 확인하는 기본 문제와 더 깊은 내용을 묻는 심화 문제로 구성하였습니다.

퀴 즈

1. 다음에 설명하는 나는 누구인가요?

> Tip 27쪽의 그림을 보면서 각 뼈의 이름을 확인하세요.

- 나는 심장과 허파를 보호해.
- 나는 등뼈와 가슴뼈(복장뼈)를 이어 주지.
- 나는 양쪽으로 12개씩 12쌍이 있어.

()

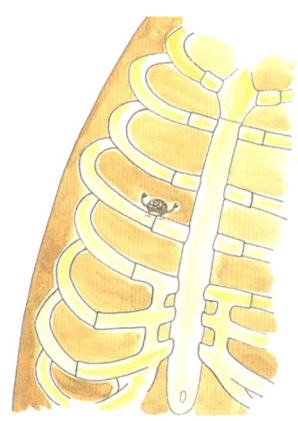

2. (가), (나)에 들어갈 말을 순서대로 써 보세요.

허파꽈리는 숨 쉴 때 들어온 (가)를 혈액에 싣고 다니며 온몸에 나눠주고, (나)를 얻어 와서 숨을 내뱉을 때 몸 밖으로 내보내요.

(가) .... (나) ....

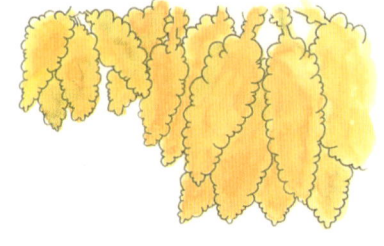

3. 심장에 대한 설명으로 잘못된 것을 고르세요.

Tip 왼심실은 왼심방과 오른심실은 오른심방과 연결되어 있어요. 두 심실은 서로 통하지 않습니다.

① 우리 몸 왼쪽 가슴에 있어요.
② 온몸으로 피를 순환시켜요.
③ 왼심실과 오른심실은 서로 통해요.
④ 왼심방, 왼심실, 오른심방, 오른심실로 이루어졌어요.

[4~5] 다음 빈 칸을 채워 보세요.

4. 심장에서 출발한 혈액이 온 몸을 돌아 심장으로 돌아오는 데 .... 분 걸린대요.

5. 사람의 몸에서 가장 큰 뼈는 [ㄴ ㄷ ㄹ 뼈] 야.

Tip 넙다리뼈는 크기도 하고 단단하기도 해서 옛날에는 무기로 사용하기도 했답니다.

6. 우리가 먹은 음식이 지나가는 길이에요. 빈칸에 알맞은 기관 이름을 보기에서 찾아 써 보세요.

   Tip 82쪽의 그림을 보면서 음식물이 어떤 소화 기관을 지나는지 설명해 주세요.

   [보기]
   작은창자, 식도, 큰창자

   입 〉 인두 〉 ☐ 〉 위 〉 ☐ 〉 ☐ 〉 항문

7. 다음 중 뇌에 관해 잘못 알고 있는 친구는 누구인가요?

   Tip 사람의 대뇌겉질은 동물보다 큽니다.

   ① 수진 …… 뇌는 단단한 머리뼈로 둘러싸여 있어.
   ② 소영 …… 사람의 대뇌겉질은 동물보다 작아.
   ③ 승기 …… 뇌는 대뇌, 소뇌, 뇌줄기로 이루어지지.
   ④ 형진 …… 대뇌에는 주름이 아주 많아.

8. 다음 동그라미를 채워 보세요.

   뼈와 뼈를 잇는 ㄱ ㅈ 과
   ㄱ ㅇ 이 없으면 뼈는 움직이지 못해.

9. 맞으면 O에, 틀리면 X에 동그라미 하세요.

> Tip 교감 신경은 몸을 흥분 상태로 만들고 부교감 신경은 진정 상태로 만듭니다. 소뇌는 대뇌가 명령한 운동이 잘 이루어지도록 돕는 역할을 합니다.

- 교감 신경은 사람 몸을 진정 상태로 만들어요.

- 소뇌가 발달하면 운동이나 악기 연주를 잘 해요.

10. 피부 탐험을 끝낸 느껴느껴호의 친구들이 피부에게 고마운 마음을 담아 쪽지 편지를 쓴대요. 피부가 하는 일을 생각하면서 편지를 써 보세요.

> Tip 피부가 하는 일을 쓰고 그에 대한 고마운 마음을 표현하는 내용이 들어가면 됩니다. 편지글의 형식에 맞추어 첫인사, 할 말, 끝인사, 쓴 날짜, 쓴 사람을 갖추어 쓰도록 지도해 주세요.
> 예시) 피부야 안녕? 우린 느껴느껴호에 탔던 친구들이야. 이번 탐험을 통해 네가 아주 중요한 일을 한다는 걸 알았어. 너는 하는 일이 참 많아. 우리 몸에 나쁜 병원균이 못 들어오게 하고, 몸속에 있는 물기가 빠져나가지 못하게 해 주고 말이야. 또 노폐물을 땀으로 만들어 밖으로 내보내기도 해. 난 네가 그렇게 많은 일을 하는지 정말 몰랐어. 피부야 정말 고마워. 앞으로는 널 더 소중히 할게. 그럼 안녕.　　　　　　　　　　　　　　　　　　　0000년 0월 0일 000가

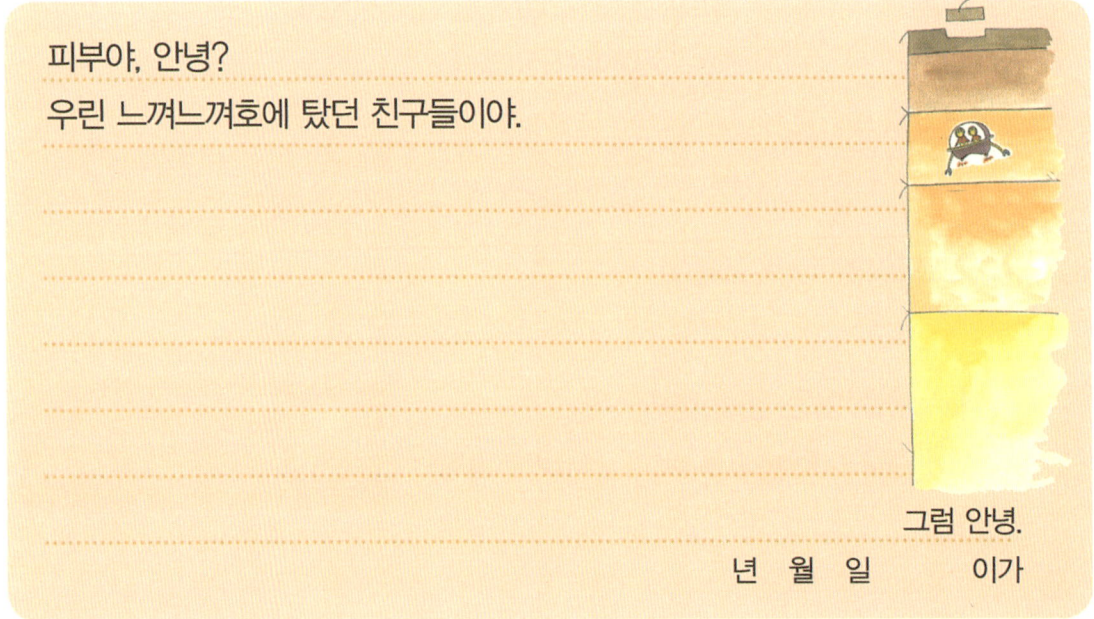

답&설명

1. 본책 25~26쪽 / 교과서 30쪽
   갈비뼈
   → 초등과학 5-2 / 1. 우리의 몸

2. 본책 63쪽 / 교과서 37쪽
   (가) 산소 (나) 이산화탄소
   → 초등과학 5-2 / 1. 우리의 몸

3. 본책 41쪽 / 교과서 37쪽
   ③
   → 초등과학 5-2 / 1. 우리의 몸

[4~5]

4. 본책 43쪽 / 교과서 37쪽
   1
   → 초등과학 5-2 / 1. 우리의 몸

5. 본책 19쪽 / 교과서 30쪽
   넙다리뼈
   → 초등과학 5-2 / 1. 우리의 몸

6. 본책 82쪽, 93쪽 / 교과서 33쪽
   식도, 작은창자, 큰창자
   → 초등과학 5-2 / 1. 우리의 몸

7. 본책 100쪽 / 교과서 44쪽
   ②
   → 초등과학 5-2 / 1. 우리의 몸

8. 본책 29쪽 / 교과서 30쪽
   관절, 근육
   → 초등과학 5-2 / 1. 우리의 몸

9. 본책 111, 105~106쪽 / 교과서 44쪽
   X / O
   → 초등과학 5-2 / 1. 우리의 몸

10. 교과서 140~141쪽 / 교과서 44쪽
    → 초등과학 5-2 / 1. 우리의 몸

토토과학상자 20권

야호!
수학이 좋아졌다

이 세상 모든 것은 수학으로 설명할 수 있습니다. 숫자와 도형, 지도와 공간, 미술과 음악 등 사람이 만든 것뿐만 아니라 심지어 자연에조차도 많은 수학 원리가 숨겨져 있기 때문이지요. 수학은 물론 수학자들의 끈기를 함께 배워 갑니다.

 **지도 가이드** 도형이나 수에 대하여 수학자를 등장시켜 재미있게 풀어 쓴 책입니다. 제목에 나와 있는 대로 놀면서 배우는 만만한 수학이 될 수 있도록 일상생활이나 재미있는 예시를 들면서 아이가 흥미를 갖도록 지도하세요.

퀴 즈

1. 어른들이 "온몸이 아프다."라고 말할 때의 '온'은 100을 뜻합니다. 친구가 자꾸 같은 말을 하면 "그 소리 골백번도 더 들었어!"라고 하지요. 여기서 '골'은 경이라는 수를 나타내고요. 경을 숫자로 쓰면 0이 모두 몇 개 들어갈까요?

   Tip '경'을 숫자로 쓰면 10,000,000,000,000,000 입니다.

   ① 15개   ② 16개   ③ 17개   ④ 18개

2. 다음 두 사람의 대화를 듣고 무엇에 대한 설명인지 써 보세요.

- 아빠 : 옛날 사람들은 파르테논 신전, 피라미드와 같은 건축물을 지을 때 이 비율을 이용했다더구나.

- 서현 : 지금도 명함이나 신용 카드를 만들 때 세로와 가로 비율을 이 비율인 1 : 1.618에 맞추어 만든대요.

 비율

3. 아래 왼쪽 그림에서 3개의 별을 한 번씩만 다른 칸으로 옮겨서 가로 줄과 세로 줄에 있는 별이 모두 3개씩 되도록 하세요.

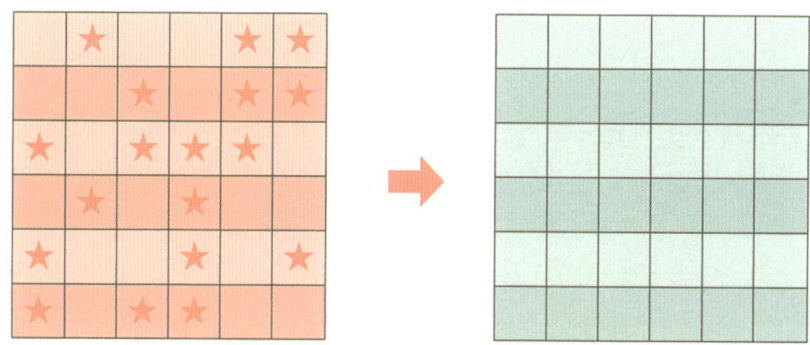

4. 쪽매맞춤(쪽 맞추기)에 대한 설명으로 옳은 것끼리 연결해 보세요.

> Tip 욕실의 타일, 보도블록, 앞치마, 식탁보의 무늬 등 우리가 쉽게 볼 수 있는 인공물들 중에 쪽매맞춤에 의해 만들어진 예가 많이 있습니다.

옮기기 ●　　　　　● 거울에 반사된 듯 대칭이 되도록 함.

돌리기 ●　　　　　● 일정한 거리만큼 움직이는 것

뒤집기 ●　　　　　● 한 점을 중심으로 회전시키는 것

5. 높이가 같은 원기둥, 구, 원뿔의 부피의 비가 3 : 2 : 1이라는 것을 알아내자 목욕을 하다가 "유레카!"라고 외치며 온 시내를 뛰어다녔다는 이 수학자는 누구인가요?

6. 다음은 파스칼의 피보나치수열을 이용한 규칙 찾기에요. 다음에 오는 수를 적어 보세요.

   Tip 피보나치수열은 프랑스의 수학자 파스칼에 의하여 발견된 수열로 연속하는 두 수의 합이 다음 수가 되는 수열이에요. 수가 점점 커질수록 두 수 사이의 비가 황금비(1.618)에 가까워집니다.

   1 1 2 3 5 8 13 21 ....

7. 긴 나무토막을 한 번 자르는데 2분이 걸린다면 5도막으로 자르는 데는 몇 분이 걸릴까요? 교과서 34쪽의 방귀 문제를 읽고 풀어 보세요.

   Tip 나무토막 1개를 1번 자르면 나무토막이 2도막이 되고, 2번 자르면 3도막이 돼요. 마찬가지로 5도막으로 만들려면 나무토막을 4번만 자르면 되지요.

8. 다음 모양을 옮기기, 돌리기, 뒤집기 등의 기법을 이용하여 꾸며 보세요.

Tip 위의 모양 외에도 여러 가지 모양을 만들 수 있어요.

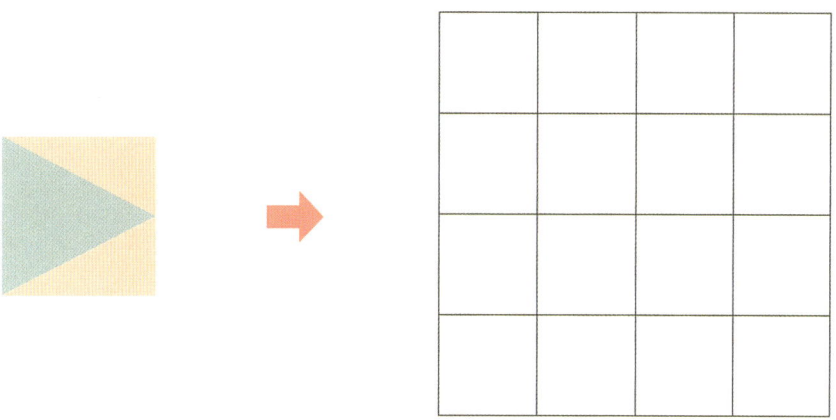

[9~10] 아래의 원은 지름이 10cm입니다. 원의 둘레와 넓이를 구하세요.

9. 원의 둘레

식 :

답 :

10. 원의 넓이

식 :

답 :

답&설명

1. **본책** 26쪽 / **수학 익힘책** 21쪽
   ②
   → 초등수학 익힘책 4-1 / 1. 큰 수

2. **본책** 36쪽 / **교과서** 106~109쪽
   황금 비율
   → 초등수학 5-2 / 7. 비와 비율

3. **본책** 41쪽 / **수학 익힘책** 133쪽
   → 초등수학 익힘책 3-2 / 8. 규칙 찾기와 문제 해결

4. **본책** 51~52쪽 / **수학 익힘책** 75쪽 / **교과서** 70~77쪽
   옮기기 • • 거울에 반사된 듯 대칭이 되도록 함.
   돌리기 • • 일정한 거리만큼 움직이는 것
   뒤집기 • • 한 점을 중심으로 회전시키는 것
   → 초등수학 익힘책 4-2 / 4. 사각형과 다각형,
   초등수학 3-1 / 5. 평면도형의 이동

5. **본책** 67쪽 / **교과서** 114~115쪽
   아르키메데스
   → 초등수학 6-1 / 8. 연비와 비례배분

6. **본책** 126~127쪽 / **교과서** 120~125쪽 / **교과서** 122~123쪽
   34
   → 초등과학 4-1 / 8. 규칙 찾기,
   초등수학 6-2 / 8. 문제 해결 방법 찾기

7. **본책** 34쪽 / **수학 익힘책** 73쪽 / **교과서** 48~57쪽
   8분
   → 초등수학 익힘책 3-1 / 4. 나눗셈, 초등수학 3-1 / 4. 나눗셈

8. **본책** 53쪽 / **교과서** 70~77쪽
   → 초등수학 3-1 / 5. 평면도형의 이동

[9~10]

9. **본책** 97쪽 / **교과서** 70~72쪽
   원의 둘레 : (지름) × (원주율) → 10 × 3.14 = 31.4cm
   → 초등수학 6-1 / 5. 원주율과 원의 넓이

10. **본책** 102쪽 / **교과서** 75~76쪽
    원의 넓이 : (반지름) × (반지름) × (원주율) → 5 × 5 × 3.14 = 78.5cm²
    → 초등수학 6-1 / 5. 원주율과 원의 넓이

> 토토과학상자 21권

별가족 블랙홀에 빠지다

우리 은하에는 2000억 개나 되는 별이 있습니다. 우주에는 이런 은하가 1000억 개나 모여 있지요. 짝별, 변광성, 성운, 성단, 초신성 등 별의 종류도 굉장히 많습니다. 별의 탄생과 죽음에 이르기까지, 우주와 별에 대한 모든 것을 배워 봅니다.

 우리 은하에 있는 다양한 천체를 알려 주는 책입니다. 아이는 천체 관측을 통해 세계에 대한 가치관을 더 넓게 확장해 나갑니다. 부모님께서는 현장 활동으로 천체 관측이 가능한 천문대에 데리고 가셔도 좋겠습니다.

퀴 즈

[1~2] 아래 사진을 보고 질문에 대답해 보세요.

1. 가운데 움직이지 않는 별의 이름은 무엇인가요?

> Tip1~2 지구가 스스로 하루에 한 번 도는 것을 자전이라고 하고, 그 자전하는 축이 북극성을 가리 키고 있어 북극성은 밤하늘에서 움직이지 않는다는 것을 알려 주세요. 우선 별들의 움직임이 지구 의 자전 때문에 일어난다는 것을 알게 해 주세요.

(....)

2. 이 별이 움직이지 않는 이유를 적어 보세요.

   지구의 (........................) 이 이 별을 향하고 있기 때문이에요.

3. 각 계절의 별자리를 찾는 법을 알려 주세요.

   Tip 사계절마다 밤하늘에서 볼 수 있는 별자리가 다르다는 것을 알려 주세요. 별자리 판을 활용하셔도 좋습니다.

   (..................) 시간에 (..................) 하늘에 떠 있는 별자리

4. 빛은 1초에 30만km를 갈 수 있습니다. 그럼 빛은 1초 동안 지구를 몇 바퀴나 돌 수 있을까요?

   Tip 빛의 속도는 물리학의 기본이 되는 단위입니다. 빛의 속도로 1년 동안 달린 거리가 1광년이라는 것도 알려 주세요.

   (..................) 바퀴 반

5. 우리 은하의 모습을 보고 이야기해 보세요.

   Tip 산개 성단은 젊은 별들로 이루어진 성단이며, 구상 성단은 나이가 많은 별들로 이루어져 있습니다. 은하의 중심으로 갈수록 나이 든 별이 많다는 것을 알려 주세요.

   ㄱ. 나선 팔 부근
   ㄴ. 은하의 중심

   젊은 별들로 이루어진 플레이아데스성단은 우리 은하 어디에 있을까요?

   (..................)

6. 북극성을 찾는 방법이에요. 맞는 별자리의 이름을 적어 보세요.

> Tip 북극성을 찾는 방법은 천체 관측을 시작하는 첫걸음입니다. 북극성이 천체 관측의 기준점이 되기 때문입니다.

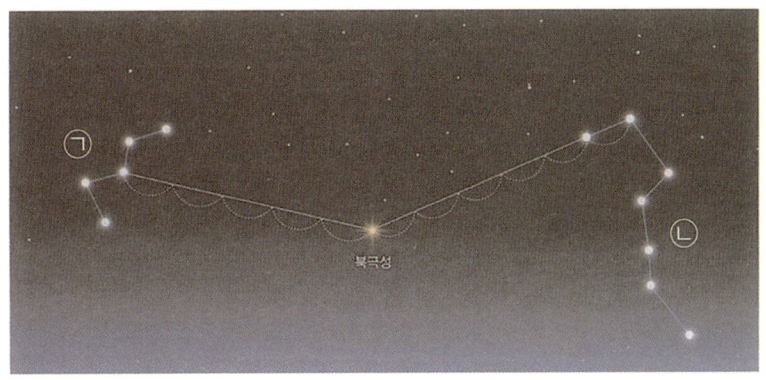

㉠ (....................)   북극성   ㉡ (....................)

7. 천체 망원경은 크게 세 부분으로 나눌 수 있어요. 각 부분의 이름을 맞는 설명과 연결해 보세요.

> Tip 천체 망원경의 부분별 명칭을 알려 주세요.

경통 ●   ● 렌즈가 든 기다란 통

장치대 ●   ● 망원경을 안전하게 받쳐 주는 부분

다리 ●   ● 통을 잡고 있는 부분

8. 다음 빈칸을 채워 보세요.

> Tip 천문학적 숫자라는 표현이 있듯이 우주에 있는 천체의 숫자는 상상하기 어려울 만큼 많습니다. 아이가 완전히 이해할 수 있기보다는 그 규모가 대단하다는 것을 느낄 수 있게 지도해 주세요.

우리 은하에 있는 별은 (....................) 개에요.
모래를 1초에 한 줌씩 1년 동안 퍼내야 되는 숫자랍니다.

9. 계절에 따라 볼 수 있는 별자리가 맞지 않게 짝지어진 것을 찾아 보세요.

> Tip 페가수스자리는 사각형을 이루는 가을의 대표적인 별자리입니다. 겨울밤 하늘에 볼 수 있는 자리는 오리온자리, 큰개자리, 쌍둥이자리 등이 있습니다.

① 봄 ····· 북두칠성   ② 여름 ····· 거문고자리

③ 가을 ····· 페가수스자리   ④ 겨울 ····· 안드로메다자리

10. 우주 어딘가 우리 지구와 비슷한 행성이 있을지 몰라요. 그곳에 사는 외계인 친구를 그려 보세요.

> Tip 외계 생명체를 찾아 지구와 유사한 행성을 탐색하는 천문학자들은 100개 이상의 새로운 외계 행성을 발견했습니다. 하지만 대부분은 거대한 가스 행성이었고, 2010년 9월에 발견된 '글리제 581g'는 질량이 지구의 3~4배인 데다 중심 항성에서 멀지도, 가깝지도 않아 온도가 생명체가 살기에 적절한 '골디락스 영역'에 있는 것으로 나타나기도 했습니다. 이러한 행성들 중 하나에 외계 생명체가 있을 가능성은 충분합니다.

답&설명

[1~2]
1. 북극성
2. 자전축
→ 초등과학 5-2 / 4. 태양계와 별

3. 저녁, 남동쪽
→ 초등과학 5-2 / 4. 태양계와 별

4. 7
→ 초등과학 5-2 / 3. 물체의 속력, 초등과학 5-2 / 4. 태양계와 별

5. ㄱ
→ 초등과학 5-2 / 4. 태양계와 별

6. ㉠ 카시오페이아 ㉡ 북두칠성
→ 초등과학 5-2 / 4. 태양계와 별

7. 경통 — 렌즈가 든 기다란 통
   장치대 ╳ 망원경을 안전하게 받쳐 주는 부분
   다리 — 통을 잡고 있는 부분
→ 초등과학 5-1 / 1. 지구와 달

8. 2000억
→ 초등과학 5-2 / 4. 태양계와 별

9. ④
→ 초등과학 5-2 / 4. 태양계와 별

10. 아이가 자유롭게 상상력을 발휘하게 하세요.
→ 초등과학 5-2 / 4. 태양계와 별

토토과학상자 22권

미생물은 힘이 세다

미생물은 지구에 사는 모든 생물의 조상입니다. 또한 세상 구석구석 못 가는 곳이 없는 여행가이기도 하지요. 그런가 하면 오염된 지구를 청소하기도 하고, 독감, 식중독, 전염병을 치료하는 약의 원료가 되기도 해요. 이처럼 힘 센 미생물을 만나 볼까요?

지도 가이드 미생물에 대한 지식을 통해서 맨눈으로 볼 수 없을 정도로 작은 미생물의 세계를 엿볼 수 있는 기회가 되게 하세요. 눈에 보이지는 않지만 큰일을 해내는 미생물의 힘을 깨달을 수 있도록 지도해 주세요.

퀴즈

1. 다음 보기에서 미생물에 해당하는 것에 ○표 하세요.

[보기]

박테리아, 원생생물, 아케아, 균류, 바이러스, 이끼

2. 사람들의 장 속에 있는 미생물들이 하는 일이 아닌 것은 무엇인가요?

Tip 음식과 함께 들어온 미생물을 죽이는 일은 위장에서 합니다. 위장에서 나오는 위산은 산성도가 아주 높아 미생물을 녹입니다.

① 소화가 잘 되게 도와줘요.
② 영양분을 잘 섭취하게 해 줘요.
③ 사람들이 스스로 만들 수 없는 비타민을 만들어요.
④ 음식과 함께 사람의 몸에 들어온 미생물들을 죽여요.

[3~4] 다음 친구들이 설명하는 낱말을 보기에서 찾아 써 보세요.

[보기]
현미경, 메탄, 편모, 균사, 공생

3. 종류가 다른 생물들이 서로에게 이익을 주며 함께 사는 것을 ……………………… (이)라고 해.

4. ……………………… 은 지구를 더워지게 만드는 기체 중 하나야. 소나 돼지 등이 내뿜는 방귀에 섞여 있어.

5. 다음 식품들을 먹으면 어떤 점이 좋은지 써 보세요.

   Tip 미생물이 만드는 발효 식품을 이용한 다양한 먹을거리에 대해서도 함께 이야기해 보세요.
   예) 간장게장, 된장찌개, 김치 부침개, 치즈 샌드위치 등

메주

두부

된장국

6. 우리에게 도움을 주는 미생물들에게 고마움을 전하는 편지를 써 보세요.

7. 미생물의 종류에 맞는 설명끼리 연결해 보세요.

플랑크톤 ●   　　　● 썩은 동물의 시체도 깨끗이 청소해 주는 지구의 청소부예요.

곰팡이 ●   　　　● 미생물 중에서도 아주 작고, 완전한 생물이라 부르기 어려워요.

바이러스 ●   　　　● 바다에 사는 미생물로 물고기들의 좋은 먹이가 돼요.

8. 미생물에 대한 설명으로 알맞은 것은 어떤 것인가요?

① 사람의 몸속에서는 미생물이 살지 못해요.
② 동물도 식물도 아닌 것은 모두 미생물이라고 불러요.
③ 바다 깊은 곳에 사는 생물은 미생물이라고 부르지 않아요.
④ 현미경으로 겨우 보일 정도로 매우 작은 것들만 미생물이라고 불러요.

9. 아래 보기의 미생물을 이로운 것과 해로운 것으로 나누어 보세요.

[보기]
감기 바이러스, 유산균, 효모, 고초균,
김치아이, 무탄스균, 헬리코박터 파이로리,
인플루엔자 바이러스, 푸른곰팡이

● 이로운 미생물 (....)

● 해로운 미생물 (....)

10. 서로 돕고 사는 공생 관계를 가지고 있는 동식물과 박테리아의 연결이 잘못된 것은 어떤 것인지 찾아보세요.

① 콩 ····· 뿌리혹박테리아
② 잎꾼개미 ····· 농장곰팡이
③ 개미 ····· 곰팡이
④ 소나무 ····· 송이버섯 곰팡이

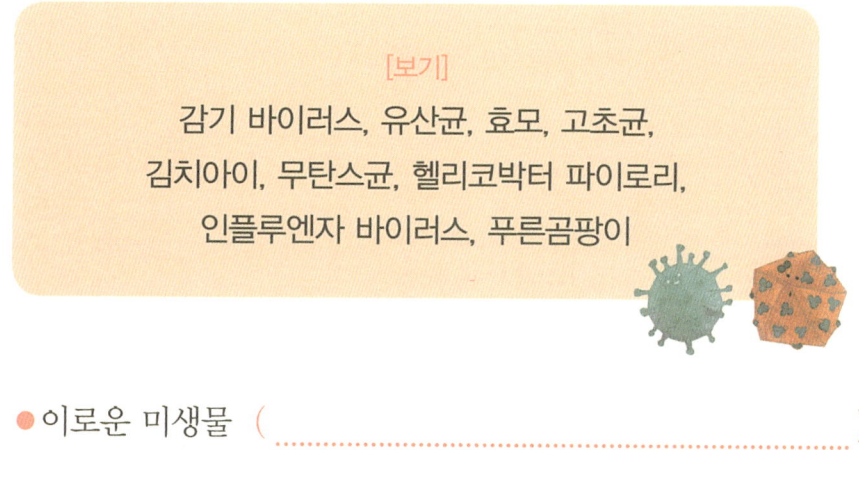

답&설명

1. **본책** 68~71쪽 / **교과서** 153쪽
   박테리아, 원생생물, 아케아, 균류, 바이러스
   → 초등과학 5-1 / 4. 작은 생물의 세계

2. **본책** 93쪽 / **교과서** 149쪽
   ④
   → 초등과학 5-1 / 4. 작은 생물의 세계

3. **본책** 93쪽 / **교과서** 133쪽
   공생
   → 초등과학 6-1 / 4. 생태계와 환경

4. **본책** 78~79쪽 / **교과서** 84~85쪽
   메탄
   → 초등과학 6-2 / 2. 여러 가지 기체

5. **본책** 96~100쪽 / **교과서** 149쪽
   예시) 소화가 잘 되게 해 줘요, 장을 튼튼하게 해 줘요, 몸을 건강하게 해 줘요. 등
   → 초등과학 5-1 / 4. 작은 생물의 세계

6. **본책** 96~100쪽 / **교과서** 149쪽
   미생물들의 고마운 점을 떠올리며 솔직하게 편지를 쓰도록 합니다.
   → 초등과학 5-1 / 4. 작은 생물의 세계

7. **본책** 54, 71, 70쪽 / **본책** 153쪽
   플랑크톤 — 바다에 사는 미생물로 물고기들의 좋은 먹이가 돼요.
   곰팡이 — 썩은 동물의 시체도 깨끗이 청소해 주는 지구의 청소부예요.
   바이러스 — 미생물 중에서도 아주 작고, 완전한 생물이라 부르기 어려워요.
   → 초등과학 5-1 / 4. 작은 생물의 세계

8. **본책** 11~13쪽 / **교과서** 153쪽
   ②
   → 초등과학 5-1 / 4. 작은 생물의 세계

9. **본책** 114~117쪽 / **교과서** 149, 153쪽
   이로운 미생물 (유산균, 효모, 고초균, 푸른곰팡이, 김치아이)
   해로운 미생물 (무탄스균, 헬리코박터 파이로리, 인플루엔자 바이러스, 감기 바이러스)
   → 초등과학 5-1 / 4. 작은 생물의 세계

10. **본책** 122~127쪽 / **교과서** 150~151쪽
    ③
    → 초등과학 5-1 / 4. 작은 생물의 세계

> 토토과학상자 23권

원자, 넌 도대체 뭐니?

나와 예쁜 토끼와 흙, 지렁이, 꽃, 까마득히 멀리 떨어져 있는 별까지, 모든 것은 같습니다. 왜냐고요? 모두 같은 재료로 만들어졌기 때문이지요. 세상에 있는 모든 것을 만들 수 있는 재료인 원자, 입자, 소립자에 대하여 자세히 알아봅니다.

 지도 가이드

모든 물질의 기본 단위인 원자에 관련된 용어와 성질, 물질을 이루고 있는 원자의 구조에 대해 알 수 있도록 퀴즈를 구성하였습니다. 물체와 물질을 구분하는 정도의 초등학생들에게는 다소 어렵게 느껴질 수 있지만, 호기심을 가질 수 있도록 유도하세요.

퀴 즈

1. 다음 물건들을 이루고 있는 물질을 보기에서 찾아 써 보세요.

> **Tip** 창문, 망치 등 쓰이는 용도에 맞추어 만든 물건을 물체라 하고, 유리, 쇠 등 형태를 가진 물건을 만드는 데 쓰이는 재료를 물질이라고 합니다. 물체는 한 가지 물질로 이루어진 것보다 여러 가지 물질이 섞여 이루어진 경우가 더 많습니다.

[보기]

물, 쇠, 나무, 유리, 헝겊

ㄱ. 창문: ㄴ. 망치: ㄷ. 바다:

2. 다음 그림을 보고 원자가 들어 있는 병에 색칠해 주세요.

> Tip 물은 수소 원자와 산소 원자로 이루어진 분자입니다.

3. 이산화탄소나 물처럼 두 가지 이상의 원소로 이루어진 물질을 무엇이라고 하나요?

① 불순물　　② 화합물

③ 인공 물질　④ 홑원소 물질

4. 설명에 어울리는 물질끼리 연결해 보세요.

㉮ 나뭇잎이 푸른 건 다 내 덕분이야. ●　　● 마그네슘

㉯ 지구 몸무게의 1/3은 내 무게라고. 건물도, 자동차도 나 없인 못 만들지. ●　　● 철

5. 다음은 어떤 에너지에 대한 설명인가요?

> 두 개의 핵이 하나로 합쳐질 때 나오는 에너지로 몸에 해로운 방사선이 나오지 않아 전혀 위험하지 않아요.

① 운동 에너지　　　② 위치 에너지
③ 핵분열 에너지　　④ 핵융합 에너지

6. 아래는 데모크리토스의 원자에 대한 설명입니다. 지금과는 다른 것에는 X표를, 지금까지도 옳은 것에는 ○표를 하세요.

> Tip 현대의 물리학에서는 원자에 대해서 '모든 물질은 쪼개고 쪼개면 더 이상 나눌 수 없는 작은 알갱이이다, 모든 원자의 모양은 거의 비슷하다, 원자의 속은 대부분 비어 있다.'라고 밝히고 있습니다.

- 원자는 속이 꽉 차있고 단단하다. (　　　)

- 모든 원자의 크기와 모양이 다르다. (　　　)

- 모든 물질을 계속 쪼개면 더 이상 나눌 수 없게 된다. (　　　)

7. 다음 빈칸에 알맞은 말을 써 보세요.

물 →(나누면)→ 물(......) →(나누면)→ (......) 원자 + (......) 원자

8. 다음은 원자가 자기를 소개하는 글이에요. ( ) 안에 알맞은 말을 넣어 소개서를 완성해 보세요.

안녕? 내 이름은 원자야.
영어로는 (................) 이라고 해.
나는 (................) 모양이고,
크기는 (................) 고,
질량은 (................) .

9. 사람을 이루고 있는 원소들을 골라 동그라미 하세요.

Tip 산소, 탄소, 수소, 질소, 칼슘, 인.
이 여섯 가지가 우리 몸의 98.8%를 이루고 있습니다.

내 안에 ◯ ◯ 있다!

탄소, 수소, 질소, 라듐, 우라늄

10. 다음에서 설명하는 것은 무엇인가요?

Tip 산소 원자 3개가 결합하여 만들어진 오존은, 땅에서 25km 높이의 대기에 모여 오존층을 이룹니다. 오존층은 태양에서 오는 강한 자외선을 막아 줍니다. 공해가 심해져서 오존층이 파괴되면 지구의 생명체는 위험에 처하게 되므로 공기가 오염되지 않도록 해야 합니다.

- 이것이 파괴되면 생명체가 위험해져요.
- 이것을 보호하려면 공기 오염을 막아야 해요.
- 산소 3개가 결합된 것이 층을 이루고 있는 거예요.

답&설명

1. 본책 17쪽 | 교과서 22~25쪽
ㄱ. 유리 ㄴ. 쇠 ㄷ. 물
→ 초등과학 3-1 / 1. 우리 생활과 물질

2. 본책 39쪽 | 교과서 18~55쪽
수소, 산소
→ 초등과학 3-1 / 1. 우리 생활과 물질

3. 본책 63쪽 | 교과서 18~55쪽 | 교과서 84~85쪽
②
→ 초등과학 3-1 / 1. 우리 생활과 물질, 초등과학 3-2 / 3. 혼합물의 분리

4. 본책 75쪽 | 교과서 86쪽
㉮ 마그네슘 ㉯ 마그네슘
→ 초등과학 3-2 / 3. 혼합물의 분리

5. 본책 113쪽 | 교과서 97쪽
④
→ 초등과학 6-2 / 3. 에너지와 도구

6. 본책 26쪽 | 교과서 18~55쪽
X, X, ○
→ 초등과학 3-1 / 1. 우리 생활과 물질

7. 본책 43쪽 | 교과서 18~55쪽
분자, 수소, 산소
→ 초등과학 3-1 / 1. 우리 생활과 물질

8. 본책 47~48쪽 | 교과서 18~55쪽
아톰, 공, 아주 작고, 아주 가볍다
→ 초등과학 3-1 / 1. 우리 생활과 물질

9. 본책 81~82쪽 | 교과서 18~55쪽
탄소, 수소, 질소
→ 초등과학 3-1 / 1. 우리 생활과 물질

10. 본책 74쪽 | 교과서 84~85쪽
오존층
→ 초등과학 6-2 / 2. 여러 가지 기체

토토과학상자
24권

우리 집은 과학 실험실!

과학 실험은 꼭 실험실에서만 할 수 있는 것은 아닙니다. 조금만 부지런하면 내가 사는 집안에서도 웬만한 실험은 가능합니다. 집안 실험을 통해 교과서 속 과학 원리를 이해하기 위한 재미있는 실험을 하나씩 배워 갑니다.

 지도 가이드 생활 주변의 물건들을 이용한 실험을 통해 과학 원리를 깨닫도록 돕는 내용입니다. 읽는 것으로 그치지 말고 꼭 실험을 해 보세요. 퀴즈는 실험의 원리와 실험을 통해 알게 된 것을 생활 속에서 찾아보고 생각해 보는 문제들로 구성되어 있습니다.

 퀴 즈

1. 강낭콩은 쌍떡잎의 싹을 틔웁니다. 강낭콩의 줄기를 잘랐을 때의 관다발 배열을 그려 보세요.

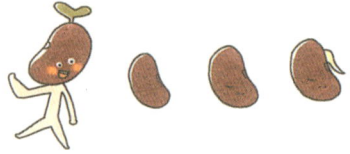

2. 아빠는 70kg이고, 준이는 30kg입니다. 두 사람이 시소를 타도 기울어지지 않으려면 중앙의 받침점에서 누가 더 멀리 앉아야 하나요?

> **Tip** 양쪽 무게가 다르면 무게 중심이 무거운 쪽에 있기 때문에 무거운 사람이 받침점 가까이 앉아서 무게 중심을 맞추어야 합니다. 따라서 가벼운 준이가 받침점에서 멀리 앉아야 합니다.

(....)

3. 사진기를 통과한 나무는 우리 눈에서 어떻게 상이 맺히는지 그림으로 그려 보세요.

> Tip 빛은 직진하는 성질이 있어서 아주 작은 구멍을 통과하면 위아래가 바뀌어 상을 맺게 됩니다.

4. 흙을 보호하는 방법에는 어떤 것이 있나요? 방법과 그 까닭을 적어 보세요

> Tip 비가 많이 내리면 산의 흙이 침식되어 산사태가 일어나기도 합니다. 식물이 많은 곳은 식물의 뿌리가 흙을 붙잡아 흙이 물에 쓸려 가는 것을 막아 줍니다.

5. 중화 반응과 그 결과를 알맞게 짝지어 보세요.

생선회 + 레몬　●　　　● 가려움을 없애 줘요.

비누 + 식초　●　　　● 머리카락이 부드러워져요.

모기 독 + 비눗물　●　　　● 비린내가 나지 않아요.

6. 다음은 무엇을 알기 위한 실험일까요?

> Tip 뿌리가 빨아들인 물과 영양분이 지나가는 길을 물관, 잎에서 광합성 작용으로 만들어진 포도당이 지나가는 길을 체관이라고 합니다. 이 둘은 항상 붙어 있어서 '관다발' 이라고 부릅니다.

[준비물]
백합, 장미와 같이 줄기가 비교적 굵은 꽃, 물, 잉크나 식용 색소, 칼

[실험 과정]
㉠ 유리병에 물을 담고 잉크나 색소를 섞는다.
㉡ 꽃을 잉크 물에 담그고 햇빛이 잘 드는 창가에 놓아 둔다.
㉢ 꽃을 꺼내 칼로 줄기를 수직으로 잘라 물이 지나가는 길을 확인한다.

7. 다음 중 식물의 증산 작용을 관찰하기에 알맞지 않은 식물은 무엇인가요?

> Tip 잎을 통해 수증기가 나오는 현상을 식물의 증산 작용이라고 합니다. 물이 많지 않은 사막에서 사는 선인장은 잎 대신 줄기에 물을 저장하고 있어서 증산 작용을 관찰하기에 적합하지 않은 식물입니다.

① 소나무   ② 선인장   ③ 장미나무   ④ 사철나무

8. 공기는 우리 눈에 보이지 않지만, 우리 주변에 있다는 사실을 알 수 있는 방법을 적어 보세요.

> Tip 이 책에 나온 이야기를 써도 좋습니다. 그 외에도 아이가 다른 책에서 읽은 사례나 생활 속 경험을 썼다면 더 많이 칭찬해 주세요.

9. 식용유에 실수로 물을 부었어요. 식용유와 물을 다시 분리하려면 어떻게 해야 하는지 적어 보세요.

기름

10. 물속에 있는 빨대가 꺾여서 떠 보이는 까닭은 무엇일까요?

> Tip 공기 중에서 빠르게 움직이던 빛은 물을 만나면 갑자기 속도가 느려집니다. 그 과정에서 빛의 방향이 달라져 꺾이는 현상을 빛의 굴절이라고 합니다.

물속에서는 빛의 속도가 느려져서 빛이 꺾이는 (　　　　　　) 현상이 일어나기 때문이에요. 물체가 약간 위로 떠 있는 것처럼 보이기도 하고 확대되어 보이기도 해요.

답&설명

1. [본책 19쪽] [교과서 104~105쪽] 떡잎이 두 장인 쌍떡잎식물은 관다발이 줄기 바깥쪽에 규칙적으로 늘어서 있습니다.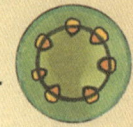
   → 초등과학 5-1 / 3. 식물의 구조와 기능

2. [본책 37쪽] [교과서 32~35쪽] 준이
   → 초등과학 4-1 / 1. 무게 재기

3. [본책 53쪽] [교과서 28~29쪽, 48~51쪽] 상이 거꾸로 맺혀요.
   → 초등과학 6-1 / 1. 빛

4. [본책 80쪽] [교과서 62~63쪽] 예시) 나무를 많이 심어요. 식물이 잘 자라도록 환경을 보호해요. 등
   → 초등과학 4-1 / 2. 지표의 변화

5. [본책 89쪽 참조 6-1] [교과서 72~75쪽]

   생선회 + 레몬 — 비린내가 나지 않아요.
   비누 + 식초 — 가려움을 없애 줘요.
   모기 독 + 비눗물 — 머리카락이 부드러워져요.
   → 2. 산과 염기

6. [본책 19쪽] [교과서 104~105쪽] 식물의 물과 양분이 지나가는 통로를 알아보기 위한 실험
   → 초등과학 5-1 / 3. 식물의 구조와 기능

7. [본책 20쪽] [교과서 112~113쪽] ②
   → 초등과학 5-1 / 3. 식물의 구조와 기능

8. [본책 23쪽] [교과서 46~47쪽] [교과서 34~39쪽] 예시) 물이나 우유가 든 컵에 빨대를 넣고 한 쪽 끝을 불면 공기 방울이 생겨요. 납작해진 공에 공기를 넣으면 부풀어요. 등
   → 초등과학 3-1 / 1. 우리 생활과 물질, 초등과학 3-2 / 1. 액체와 기체의 부피

9. [본책 67쪽] [교과서 100~101쪽] 섞인 상태에서 그대로 두면 식용유와 물의 층이 분리됩니다. 분리된 후에 천천히 식용유를 따라 내면 됩니다.
   → 초등과학 3-2 / 3. 혼합물의 분리

10. [본책 105쪽] [교과서 34~37쪽] 굴절
    → 초등과학 6-1 / 1. 빛